Auf Augenhöhe

100 KINDER GEBEN AUSKUNFT ÜBER DAS LEBEN

Idee, Konzept und Interviews von
Kathrin Haller

Mit Fotografien von
Andree Kaiser

Herausgegeben von
Herbert Moser

HERDER
FREIBURG · BASEL · WIEN

Das Leben ist eine unvermeidbare Tatsache,
durch die man sich nur mit Taten schlagen kann ...

T. UNGERER

LANDESSTIFTUNG
Baden-Württemberg

Wir stiften Zukunft

Stiftung
Kinderland
Baden-Württemberg

www.herder.de

Gestaltung: Weiß Freiburg GmbH – Graphik & Buchgestaltung
Herstellung: Himmer AG, Augsburg
Gedruckt auf umweltfreundlichem, chlorfrei gebleichtem Papier

Printed in Germany

ISBN 978-3-451-32286-0

VORWORT DES HERAUSGEBERS

Am Anfang dieses Buches stand ein spannendes Experiment: Ungeschminkt und unzensiert sollten Grundschulkinder erzählen, wie sie ihr Leben sehen. Welche Antworten würden sie auf wichtige Fragen geben? Welche Persönlichkeiten würden einem da gegenübertreten – und würde sich etwas von diesen Begegnungen auch an andere Menschen weitergeben lassen, die nicht selbst dabei waren?

Gern hat die gemeinnützige Landesstiftung Baden-Württemberg die interessante Idee von Kathrin Haller und Andree Kaiser aufgenommen, Kinder selbst über ihr Leben zu Wort kommen zu lassen und ihre Antworten mit Porträts zu verbinden, die in einem außergewöhnlich ansprechenden Zusammenspiel Auskunft über das Kindsein heute geben – vielleicht nicht sozialwissenschaftlich repräsentativ, aber zweifellos aussagekräftig.

Was als »künstlerische Feldforschung« begann, wurde zur erfolgreichen Ausstellung mit zahlreichen Stationen, darunter Berlin und Brüssel. Und schnell wurde klar: Hier kommen menschliche Realitäten zum Vorschein, Wahrheiten und Wertempfinden, die niemanden unberührt lassen.

Kinder sehen die Welt in einer schnörkellosen Nüchternheit, die einem den Atem verschlagen kann. Ihre Antworten wurden ohne Aufsicht von Eltern oder Lehrern gegeben und sind nicht zensiert oder redigiert; sie eröffnen Einblicke in Familienleben, Schule, Freundschaften, Werthaltungen und Erlebnisse – und sie sind sehr direkt. Die großformatigen Porträts unterstreichen noch diese Unmittelbarkeit, so dass man über der Beschäftigung mit den Kindern schon mal die Zeit vergisst.

Zeit – das ist für mich im Hinblick auf Kinder das Schlüsselwort überhaupt. Wir alle haben keine Zeit; jedenfalls scheint es so, und wir werden nicht müde, immer wieder auf die Knappheit unserer Zeit hinzuweisen. Haben wir für Kinder wirklich keine Zeit? Lügen wir uns dabei vielleicht selbst etwas vor, weil uns in Wahrheit Kinderfragen lästig sind? Weil Kinder uns schonungslos den Spiegel vorhalten können? Uns Zeit zu nehmen und Zeit zu lassen – das müssen wir Erwachsenen ganz sicher neu lernen, um Kinder erwachsen werden zu lassen und ihnen dabei die Freiräume, die Geheimnisse und Träume zu belassen, die sie dazu brauchen.

In unserem Land werden Kinder langsam zur Rarität. Deshalb sollten wir aber nicht dem Irrglauben verfallen, dass wir unsere Kinder ununterbrochen kontrollieren müssen und sie bemuttern und betütteln sollen, bis ihnen die Luft ausgeht. Es ist auch durchaus berechtigt zu fragen, ob schon pränatal Lernprogramme in die Kinder hineingestopft werden sollen, um sie »fit« zu machen. Kinder brauchen das Spiel, die Ambivalenz zwischen Ernst und Spaß. Und dazu eben Zeit – ihre Zeit, Kinderzeit.

Mir als Herausgeber ist es eine Freude, allen zu danken, die an diesem Buch mitwirkten: den Kindern, denen es sichtlich Spaß machte, ernst genommen zu werden; ihren Eltern, die die Erlaubnis zur Veröffentlichung gaben; den Lehrerinnen und Lehrern, die die

Zeit gaben, um fragen und fotografieren zu können; Kathrin Haller für ihre einfühlsam geführten Gespräche und Andree Kaiser für die beeindruckenden Fotografien; Ministerpräsident Günther Oettinger, dem Schirmherrn der Ausstellung »Auf Augenhöhe«; dem Verlag Herder, der dieses Buch verlegt hat; und Tomi Ungerer, dem Kinder immer schon eine Herzenssache waren.

Herbert Moser

ZU DIESEM BUCH

Wenn wir erwachsen sind, ist die Kindheit wie ein ferner Ort, an dem wir einmal gelebt haben. Wir können hinschauen und uns erinnern, aber wir können nicht wieder hinfahren. Dieser Ort bleibt uns, wenn wir ihn einmal verlassen haben, für immer verschlossen.

Betrachten wir nun die Kinder um uns herum, müssen wir erkennen, dass sie zwar mit uns leben – vielleicht in einer Familie, in derselben Straße, in derselben Stadt oder im selben Land –, dass sie aber trotzdem in einer eigenen Welt leben, in einer Parallelwelt sozusagen. Diese Welt hat eigene Regeln, Wahrnehmungen, Werte, Umgangsformen, ja sogar eine eigene Zeitrechnung. Und selbst wenn wir Eltern sind oder mit Kindern arbeiten, haben wir kaum Einblick in diese Welt und wissen daher nicht, was Kindsein heute wirklich bedeutet.

Genau da wollten wir ansetzen, denn uns war klar, dass Kinder heute anders sind, als wir es waren. Wir wollten herausfinden, was Kinder heute beschäftigt, wovon sie träumen, was sie glücklich macht und wovor sie sich fürchten.

Eine künstlerische Feldforschung war die geeignete Vorgehensweise, uns dem Thema »Kindheit heute« anzunähern. Diese Kunstform nutzt die Methoden der ethnologischen Feldforschung, um Zugang zu anderen Lebenswelten zu erhalten, diese zu erforschen und die Ergebnisse zu dokumentieren. Dabei gibt es aber – im Gegensatz zur ethnologischen Feldforschung – von Anfang an auch ein künstlerisch-visuelles Konzept. Einblick in eine andere Lebenswelt zu bekommen, erweitert den Horizont und man gewinnt mehr Verständnis für andere. Es verändert aber auch den Blickwinkel auf uns selbst. Eben das ist auch die Aufgabe der Kunst. Sich mit Kindheit und Kindern heute zu befassen heißt außerdem, eine Ahnung zu bekommen, wohin sich unsere Gesellschaft entwickeln wird.

Wir haben über dreihundert Kinder getroffen, mit ihnen gesprochen und sie fotografiert. Als Zielgruppe wählten wie die Acht- bis Zehnjährigen, die sich schon sehr gut artikulieren können, aber auf Inszenierung weitgehend verzichten. Über die Schulen stellten wir den Kontakt zu Eltern und Kindern her, und in den Schulen fanden auch die Interviews und Foto-Shootings statt.

Die Individualität jedes Einzelnen in Haltung und Ausdruck besonders hervorzuheben war uns wichtig. Deshalb nutzten wir ein mobiles Fotostudio, um jedes Kind vor dem gleichen Hintergrund und mit identischen Lichtverhältnissen fotografieren zu können. Jedes Kind konnte sich frei positionieren.

Sowohl die Interviews als auch die Fotos wurden einzeln und ohne Beisein von Eltern oder Lehrern gemacht. Was gefragt wurde, war den Kindern vorher nicht bekannt. Für die Kinder war es, allem Anschein nach, eine gute Erfahrung, für eine Weile mal ein VIP zu sein.

Zum Konzept dieses Projektes gehört, jede Persönlichkeit wirken und nachwirken zu lassen. Deswegen gibt es weder eine Zusammenfassung noch eine Auswertung. Die Interaktion setzt sich fort, indem sich bei jeder Leserin, bei jedem Leser ein eigener Eindruck herausbildet.

Wir haben viel gelernt über Religion, Herkunft, Familie und Freundschaft und über die Wahrheit. Denn dass man ganz direkt und aus dem Bauch heraus seine Ansichten über die wichtigen Dinge des Lebens zum Ausdruck bringt, man ohne Taktik einfach sagt, was man denkt oder fühlt, kommt unter Erwachsenen selten vor. Wie verbogen wir als Erwachsene oft sind, wird, wenn man sich eine Zeit intensiv mit Kindern unterhält, erschreckend deutlich.

Seit wir so vielen Kindern in unserem Land begegnet sind, ist uns bewusst, dass wir ein großes Potenzial für unsere Zukunft haben. Unsere Aufgabe ist es, dafür zu sorgen, dass sich dieses Potenzial entfalten kann. Wie viel die Schulen dazu beitragen, ist uns neu bewusst geworden. Dies Projekt ist von den beteiligten Schulen sehr engagiert unterstützt worden. Den Leiterinnen und Leitern, Lehrerinnen und Lehrern, aber auch den Eltern und nicht zuletzt den Kindern sagen wir herzlichen Dank.

Kathrin Haller, Andree Kaiser

ANAS, 9 JAHRE

Erzähl mal, was du so machst, wenn du mit den Hausaufgaben fertig bist.
Erst les ich zwei, drei Bücher, dann mach ich die Bücher zu und geh auf den Spielplatz. Da spiel ich Fußball, Basketball und alles Mögliche.

Wieso sind Freunde wichtig im Leben?
Also, wenn du mal erwachsen bist und keine Freunde hast, dann sitzt du immer nur zuhause rum und stopfst Essen in dich rein. Und auf einmal wirst du so dick, dass du gar nicht mehr aufstehen kannst. Und deshalb sind Freunde wichtig, dass man sich mit denen treffen kann und spielen kann und gemeinsam Spaß haben kann. Freunde sind auch wichtig, falls man mal ins Krankenhaus muss und Angst hat. Dann kommen sie und sagen: »Es wird dir schon nix passieren.«

Wovor fürchtest du dich?
Da gibt's viele Sachen. Vor Schlangen fürcht ich mich. Wenn ich einen Schlangenfilm angucke, dann habe ich das Gefühl, Schlangen sind neben mir oder unter meinem Bett und dann hab ich so Angst, dass ich mich nicht mehr bewegen kann. Und vor Haien hab ich auch Angst.

Was kannst du richtig gut?
Singen und Fußball spielen. Singen kann ich gut, weil ich High School Musical auf Deutsch singe. Das ist so eine Schule, da singen sie Lieder. Das hab ich auf DVD. **Was würdest du gerne besser können oder an dir anders haben wollen?** Singen und Fußball spielen.

Welchen Beruf kannst du dir für dich vorstellen?
Fußballspieler und Sänger. Bei Sänger bin ich schon länger dran. Da kann man viel Geld verdienen und muss nicht in Schulden schwimmen.

Gibt es was, was die Deutschen richtig gut können?
Fußball spielen. **Gibt es Dinge, die andere Länder besonders gut machen?** Brasilien. Da spielen sie am allerbesten Fußball und machen richtig schöne Faschingsfeiern. Und in Arabien, da wo ich herkomme, darf man jeden Tag Böller werfen.

Was gefällt dir am Kindsein?
Dass ich noch viel lernen und einen besseren Beruf kriegen kann. Wenn ich jetzt erwachsen wär und hätte keinen guten Schulabschluss gemacht, dann wär ich vielleicht Bäckereiverkäufer geworden. Das wär schlecht, damit verdient man nicht gut. **Stört dich was am Kindsein?** Dass Erwachsene andauernd sagen: »Jetzt gehst du ins Bett! Jetzt machst du deine Hausaufgaben! Jetzt liest du ein Buch! Jetzt machst du den Fernseher aus! Jetzt mach die Playstation aus und üb was!« Wenn ich der Präsident wär von Deutschland und jemand würde so was zu mir sagen, dann würd ich den sofort einsperren. Und wenn meine Wachen zögern, dann würde ich die feuern!

Stell dir mal vor, du bist erwachsen. Beschreib, wie du bist.
Nach der Schule fang ich mit meinem Beruf an. Bei Wettbewerben würde ich gegen andere Sänger antreten und immer so weiter und weiter. Und irgendwann werd ich reich, reich, reich. Kohle kommt in meine Hand! Am Wochenende würde ich immer erst um zwölf aufstehen, dann rausgehen und mit dem Auto irgendwo hinfahren. Zu einer Freundin oder so.

Was ist dein allergrößter Wunsch?
Mein aller-, aller-, allergrößter Wunsch ist, dass ich von meiner Mutter eine Gitarre bekomm, damit ich singen und gleichzeitig auf der Gitarre spielen kann.

Wo siehst du die größten Probleme in der Welt und warum?
Dass sich Kinder streiten und nicht vertragen, wie in unserer Klasse. Drei Tage zicken sie rum, streiten sich, beschimpfen sich, schlagen sich und so 'n Quatsch und dann sind sie wieder Freunde. Und das find ich dann auch blöd. Immer hin und her. Das nervt natürlich. **Was kann man dagegen machen?** Man könnte seine Gefühle an was anderm auslassen, zum Beispiel an einem Kissen.

Glaubst du an Gott? Ja. **Wie stellst du ihn dir vor?**
Er ist nur ein Licht und wenn er erscheint, kommt der Himmel runter auf die Erde. Weiteres kann ich nicht sagen.

Was war das Tollste, was dir je passiert ist?
Das Tollste war an Weihnachten, als wir den Weihnachtsbaum bekommen haben und ich den Stern drauf machen durfte. Das war das Tollste.

Wenn du Chef von Deutschland wärst, was würdest du machen, worum würdest du dich kümmern?
Ich würde dafür sorgen, dass es nie wieder Streit gibt und nie jemand Zeuge vom Tod sein muss. Und jeder, der gestorben ist, soll feierlich und heilig, wie ein Präsident, begraben werden. Jeder Mensch hat seine eigenen Rechte. Und wenn sie gestorben sind, ist es doch fair, wenn sie wie ein mächtiger Mensch begraben werden. Denn alle sind ja gleich viel wert.

EDA, 9 JAHRE

Erzähl mal, was du so machst, wenn du mit den Hausaufgaben fertig bist.
Also, wenn mittags Schule ist, geh ich in die Mittagsschule. Danach geh ich nach Haus und ruh mich ein bisschen aus. Wenn ich frei hab, geh ich zu meiner Freundin und spiel ein bisschen mit ihr. Danach helf ich ihr bei den Hausaufgaben, weil sie es nicht alleine kann. Und dann komm ich nach Hause, dann geht meine Mutter zur Arbeit. Mit dem Abendessen warten wir auf sie.

Wieso sind Freunde wichtig im Leben?
Wenn keine Freunde hier sind, ist es nicht gut. Mir ist dann langweilig, ich kann nichts spielen, nichts machen.

Wovor fürchtest du dich?
Wenn ganz viele Leute kommen und mich angucken. Ich denk, dass die mir was machen können, weil ich sie nicht kenne. Es können gefährliche Sachen passieren. Kleinen Kindern passiert das öfters. Hier in der Nähe hat mal einer fünf Kinder geklaut. Aber jetzt ist er im Gefängnis.

Was kannst du richtig gut?
Lesen kann ich gut, gut zuhören und mitmachen. Wenn meine Mutter mir sagt: »Kannst du mir mal kurz helfen?«, dann helf ich ihr. **Was würdest du gerne besser können oder an dir anders haben wollen?** Nichts.

Welchen Beruf kannst du dir für dich vorstellen?
Sekretärin, Doktorsekretärin, wie meine Tante. Sie hat mich mal mitgenommen und ich hab ein bisschen zugeguckt, find ich gut. Man muss am PC arbeiten, telefonieren und Termine machen, das mag ich.

Gibt es was, was die Deutschen richtig gut können?
Ja, alles, normal. **Gibt es Dinge, die andere Länder besonders gut machen?** In der Türkei können sie Kebap gut machen, das riecht bis zur hintersten Straße. Hier in Deutschland nicht so.

Was gefällt dir am Kindsein?
Spielzeuge find ich toll und dass man seine Freundinnen jedes Mal sehen kann. Wenn wir groß sind, heiraten wir vielleicht, gehen in ein anderes Land und können uns nicht jedes Mal sehen. **Was stört dich am Kindsein?** Wenn meine Mutter sagt: »Kannst du mal kurz helfen?« und ich antworte nicht, dann krieg ich Ärger.

Stell dir mal vor, du bist erwachsen. Beschreib, wie du bist.
Dann würde ich gerne in der Türkei leben, Kinder machen … Danach geh ich dauernd in Urlaub in andere Länder, zum Beispiel Ägypten.

Was ist dein allergrößter Wunsch?
Dass meine Familie und ich immer gesund bleiben und die, die ich mag.

Wo siehst du die größten Probleme in der Welt und warum?
Ich mag nicht, wenn Leute geizig sind. Zum Beispiel geben wir jeden Monat eine Spende für Afrika, aber manche geben nichts ab. Das find ich nicht gut.

Glaubst du an Gott? Ja. **Wie stellst du ihn dir vor?** Ich weiß es nicht. Ich weiß nicht, wie Gott aussieht.

Was war das Tollste, was dir je passiert ist?
Einmal hatte mein Opa Krebs und ist so krank geworden, dass wir dachten, er stirbt. Und danach ist er auf einmal ganz gesund geworden am nächsten Tag. Das hat mich sehr gefreut, aber sehr.

Wenn du Chef von Deutschland wärst, was würdest du machen, worum würdest du dich kümmern?
Ich würde in Städten mehr Bäume anpflanzen und mehr Freizeitparks machen.

MAREI, 8 JAHRE

Erzähl mal, was du so machst, wenn du mit den Hausaufgaben fertig bist.
Dann spiel ich mit meinem Hund oder so. Ich hatte schon viele Tiere, viele sind gestorben. Ein Hund, zwei Hasen und eine Stabheuschrecke. Freitag geh ich ins Basketball.

Wieso sind Freunde wichtig im Leben?
Weil die einen unterstützen, wenn man traurig ist. Dann trösten die einen und man kann mit denen spielen und sitzt nicht so langweilig da.

Wovor fürchtest du dich?
Vor schlechten Noten. Wenn schlechte Noten kommen, dann bin ich enttäuscht, und davor hab ich Angst. Sonst hab ich nicht viel Angst.

Was kannst du richtig gut?
Niemand aus unserer Klasse kann Motocross. Mein Vater fährt halt Motocross und mein Bruder und ich. Und das kann sonst niemand. **Was würdest du gerne besser können oder an dir anders haben wollen?**
Mathematik, sonst bin ich in allen Fächern gut. Aber ich werd mich jetzt verbessern, weil ich pass jetzt auf. Ich bin eigentlich auch 'ne ganz Schlaue, sagt meine Lehrerin und meine Mama, aber ich pass nicht immer so auf.

Welchen Beruf kannst du dir für dich vorstellen?
Boxerin, weil ich bin auch die Stärkste aus der Klasse, auch stärker als die Jungs. Dann kann ich halt auch draufschlagen. Aber meine Mama hat gesagt, ich soll das lieber nicht machen, wegen der platten Nase. Deswegen mach ich es auch nicht.

Gibt es was, was die Deutschen richtig gut können?
Weiß nicht. Ja, dass die Deutschen nicht so viel Krieg führen. **Gibt es Dinge, die andere Länder besonders gut machen?** Weiß nicht.

Was gefällt dir am Kindsein? Dass sie noch nicht so viel Arbeitsstress haben. **Was stört dich am Kindsein?**
Dass ich noch in die Schule muss.

Stell dir mal vor, du bist erwachsen. Wie bist du, was machst du?
Ich bin nett zu meinen Kindern. Ich hab mal eine gesehen, die hat ihr Kind voll geschlagen. Das würd ich nie machen. Das find ich ziemlich blöd.

Was ist dein allergrößter Wunsch?
Meine Familie soll gesund bleiben und andere Familien auch.

Wo siehst du die größten Probleme in der Welt und warum?
Krieg und Mörder und so was. Die find ich richtig blöd.

Glaubst du an Gott? Ja. **Wie stellst du ihn dir vor?** Braune Haare, so ein längeres Gewand, barfüßig, manchmal hat er auch so Stachelzeug auf dem Kopf.

Was war das Tollste, was dir je passiert ist?
Dass ich auf die Welt gekommen bin.

Wenn du Chef von Deutschland wärst, was würdest du machen, worum würdest du dich kümmern?
Um arme Menschen. Dass es keinen Krieg mehr gibt und die Bösen aufhören mit den Sachen. Und dass man lieb zueinander ist, dass man nicht bös ist und sich gegenseitig wehtut und sich innerlich verletzt, das mag ich nicht.

AARON, 8 JAHRE

Erzähl mal, was du so machst, wenn du mit den Hausaufgaben fertig bist. Meistens spiel ich ein bisschen Gameboy oder guck fern. Manchmal üb ich noch Mathe. Montags und dienstags spiel ich mit Timo Fußball.

Wieso sind Freunde wichtig im Leben? Dass man Spaß hat.

Wovor fürchtest du dich? Gute Frage ... vor was fürcht ich mich? Wenn mehrere Jungs auf mich losgehen und mit mir kämpfen wollen.

Was kannst du richtig gut? In Handball und Fußball bin ich der Beste. **Was würdest du gerne besser können oder an dir anders haben wollen?** Im Hirn.

Welchen Beruf kannst du dir für dich vorstellen? Fußballer, ich bin halt gut im Fußball.

Gibt es was, was die Deutschen richtig gut können? Handball spielen. **Gibt es Dinge, die andere Länder besonders gut machen?** In Brasilien Fußball spielen.

Was gefällt dir am Kindsein? Da muss man sich nicht um den Haushalt kümmern. **Stört dich was am Kindsein?** Wenn Mama sagt: »Jetzt ist Zeit zum Aufstehn.«

Stell dir mal vor, du bist erwachsen. Wie bist du, was machst du? Wie bin ich da? Weiß ich gar nicht. Arbeiten ... Fahrrad fahren ...

Was ist dein allergrößter Wunsch? Dass ich Fußballstar werde, das ist cool, man muss halt ein Tor schießen.

Wo siehst du die größten Probleme in der Welt? Dass es immer wärmer wird und dass es Krieg gibt. Man sollte weniger mit dem Auto fahren und nicht streiten.

Glaubst du an Gott? Ja. **Wie stellst du ihn dir vor?** Lieb, nett, groß.

Was war das Tollste, was dir je passiert ist? Dass ich beim Diktat 'ne Eins geschrieben hab.

Wenn du Chef von Deutschland wärst, was würdest du machen, worum würdest du dich kümmern? Dass man mehr Fahrräder macht, dass sich jeder eins kaufen kann.

FOUNDED
FOOTBALL CLUB

ANJA, 9 JAHRE

Erzähl mal, was du so machst, wenn du mit den Hausaufgaben fertig bist. Spielen. Gameboy manchmal und Barbie.

Wieso sind Freunde wichtig im Leben? Weil man dann nicht so allein ist.

Wovor fürchtest du dich? Dunkelheit, weil ich da irgendwie immer so Gespenster seh, weil wir oben am Wald wohnen.

Was kannst du richtig gut? Schaukeln und Bob fahren. **Was würdest du gerne besser können oder an dir anders haben wollen?** Turnen, weil da hat man Bewegung.

Welchen Beruf kannst du dir für dich vorstellen? Mein Traumberuf wäre eigentlich Schlosserin, aber es geht leider nicht, weil dann lern ich nicht bei meinem Papa. Der ist halt auch Schlosser und da hab ich mir halt von klein auf eingeredet, dass ich auch Schlosserin werden will. Aber da braucht man Meisterprüfung, aber man darf nicht seinen eigenen Papa nehmen. Also ich guck meinem Papa zu und da muss man schweißen und da sprühen Funken und das ist gefährlich.

Gibt es was, was die Deutschen richtig gut können? Fällt mir nichts ein. **Gibt es Dinge, die andere Länder besser machen als die Deutschen?** Ich weiß nicht wie das Land heißt, aber da kommen Crêpes her.

Was gefällt dir am Kindsein? Weil erwachsen sein ist doof, da muss man Miete bezahlen und arbeiten gehen. **Stört dich was am Kindsein?** Da muss man früher ins Bett gehen.

Stell dir mal vor, du bist erwachsen. Wie bist du, was machst du? Weiß ich noch nicht so.

Was ist dein allergrößter Wunsch? Dass ich mal auf einem Delfin reite, weil ich noch nie auf 'nem Delfin draufgesessen bin. Ich hab gehört, da gibt es so einen Park, und da gibt's einen Orka und auf dem darf man auch reiten.

Wo siehst du die größten Probleme in der Welt? So viel Schmutz und Dreck. **Was kann man dagegen machen?** Einfach alles wieder einsammeln.

Glaubst du an Gott? Ja. **Wie stellst du ihn dir vor?** So 'n weißes Gewand und wie 'n Kranz oben, wie die Engel einen haben.

Was war das Tollste, was dir je passiert ist? Dass ich in Mallorca war.

Wenn du Chef von Deutschland wärst, was würdest du machen, worum würdest du dich kümmern? Dass alle Kinder gleich behandelt werden.

LUISA, 8 JAHRE

Erzähl mal, was du so machst, wenn du mit den Hausaufgaben fertig bist.
Ich spiel mit meinem Bruder ganz gerne, aber wenn er mich haut, dann mag ich das nicht so gerne. Dann geh ich meistens raus und spiel mit meinem Nintendo DS »Tierpension« und guck, wie weit ich da mit den Tieren komme. Da tut man die Tiere pflegen, davon lern ich sehr viel, jetzt bin ich schon beim Pferdelevel und das ist sehr anstrengend. Heute geh ich ins Ballett.

Wieso sind Freunde wichtig im Leben?
Weil man da viel Freundschaft hat. Ich hab jetzt 'ne ganz schöne Freundin gefunden, die heißt Sophia, ich spiel gerne mit ihr. Und ich mag sie und sie mag mich auch. Und da spielen wir ganz gerne.

Wovor fürchtest du dich?
Das ist schwierig … Vor 'ner dunklen Höhle, wenn ich da reingeh und so rote oder gelbe Augen seh. Vor sonst eigentlich nichts.

Was kannst du richtig gut?
Ich kann besser Seil springen als die Jungs, und Hula-Hoop, Inliner, Schlittschuh laufen, Fahrrad fahren kann ich besser als mein Bruder. **Was würdest du gerne besser können oder an dir anders haben wollen?** Ich würd gern Mathe besser können, und Schlittschuh würd ich auch gern noch mehr lernen.

Welchen Beruf kannst du dir für dich vorstellen?
Das ist etwas schwierig. Tierpflege-

rin. Auf dem Nintendo spiel ich das ja immer und ich mein, dass ich das ganz gut kann.

Gibt es was, was die Deutschen richtig gut können?
Erklären. Also den anderen Kinder können die gut erklären, die, die noch nicht so gut Deutsch können. **Gibt es Dinge, die andere Länder besonders gut machen?** Im Moment fällt mir keins ein.

Was gefällt dir am Kindsein?
Also, dass man mehr Freunde hat als wenn man erwachsen ist. Weil wenn man erwachsen ist, hat man ja viel zu tun. Ich find es schön, wenn man ein Kind ist, weil man hat ja Freunde zum Spielen. Die Erwachsenen müssen die ganze Zeit zuhause bleiben und machen irgendwas. Darum möchte ich immer ein Kind sein, aber das geht ja nicht. **Was stört dich am Kindsein?** Mein kleiner Bruder, weil er mich manchmal boxt, wenn ich was Falsches sage, und sagt freche Wörter zu mir. Und er sagt dauernd, dass ich in M. verknallt bin. Es stimmt, ich bin in M. verknallt und das geht mir auf die Nerven. Aber Viktoria ist auch in ihn verknallt. Aber der mag uns ja nicht mal. Ich bin schon seit der ersten Klasse in den verknallt, bald vier Jahre. Meine Mama sagt, ich hab noch ganz viel Zeit dafür.

Stell dir mal vor, du bist erwachsen. Beschreib, wie du bist.
Also, ich wünsch mir Kinder, und wenn sie schon in meinem Alter sind, würd ich ganz viel Sachen mit denen machen, Sachen erklären. Ich würde ihnen was kaufen. Ich würd sie auf den Spielplatz begleiten, damit sie auch viel Luft abbekommen, weil man kann nicht immer zuhause bleiben. Ich fahr Inliner oder fahr mit dem Auto irgendwo hin, zum Beispiel ans Meer, und dann muss ich rechtzeitig zurück und mich um das Essen kümmern.

Was ist dein allergrößter Wunsch?
Dass ich M. heirate und er selbst in mich verknallt ist.

Wo siehst du die größten Probleme in der Welt?
Wenn Erwachsene Kinder hauen und ins Zimmer sperren und sie in der Schule nachsitzen müssen. Das würde ich nicht machen. Man sollte mal Mitleid mit den Kindern haben und ihnen noch 'ne Chance geben und mal sagen: »Jetzt ist aber Schluss!« Nicht so viele Strafen geben, vielleicht so 'nen kleinen Aufsatz schreiben, »wie ich mich in der Schule benehme«.

Glaubst du an Gott? Ja. **Wie stellst du ihn dir vor?** Ich stell ihn mir ganz verschieden vor. Was ich gut finde an Gott ist, dass er Mitleid mit den Menschen hat und die Welt erschaffen hat. Das haben wir in Religion gelernt. Und dass er sich um die Tiere gut gekümmert hat und er ist halt lieb zu den Menschen. Und wenn er einen Regenbogen loslässt, dann ist das ein Zeichen von Gott, dass man sich auf ihn verlassen kann. Ich hab auch mal was mit ihm im Himmel beredet. Einmal hab ich mir gewünscht, 'ne neue Kassette zu haben und dann habe ich plötzlich 'ne neue Kassette gehabt. Das ist innerhalb von einer Woche passiert. Und dann hab ich noch ein paar Sachen probiert, aber dann gemerkt: ich soll nicht so übertreiben mit den Wünschen.

Was war das Tollste, was dir je passiert ist?
Schlittschuh zu laufen und mal richtige Pferde zu sehen. Ich find schon sehr viele Erlebnisse schön. Ah! Was ich superschön finde: dass ich auf der Welt bin, dass ich geboren bin, dass ich eine Mutter habe. Und dass ich endlich wieder ein eigenes Zimmer habe. Früher hatte ich mit meinem Bruder ein Zimmer. Da mussten wir uns für eine Zimmerfarbe entscheiden. Das war riesig schwer! Ich wollte pink haben, er wollte schwarz. Da haben wir uns für eine Tigerententapete entschieden, da waren wir noch ganz klein.

Wenn du Chef von Deutschland wärst, was würdest du machen, worum würdest du dich kümmern?
Oah! Um die Welt, um die Pflanzen, und wenn es böse Menschen gibt, dann würde ich sagen, dass sie das nicht mehr machen sollen, sonst lass ich einen Zorn über sie los. Weil ich finde das nicht schön, wenn Menschen getötet werden und so.

LAURA, 8 JAHRE

Erzähl mal, was du so machst, wenn du mit den Hausaufgaben fertig bist.
Wenn ich Turnen hab, dann geh ich immer ins Turnen. Manchmal geh ich auch raus und spiel mit meinen Freunden Fangi, Verstecki, mit dem Ball oder wir erzählen uns Witze. Bei meiner Freundin spielen wir auch Monopoly, Mensch-ärger-dich-nicht oder Karten.

Wieso sind Freunde wichtig im Leben?
Wenn man keine Freunde hat, dann sitzt man den ganzen Tag zuhause und kann nichts machen. Das ist halt langweilig ohne Freunde. Wenn man Freunde hat, dann kann man mit denen spielen. Die sind wichtig, wenn man Hilfe braucht. In der Schule hat man ja keine Eltern, die einem helfen.

Wovor fürchtest du dich?
Vor Dunkelheit, vor Schlangen und Spinnen und wenn mich ein Mann bös anguckt, dann hab ich halt immer Angst, dass der mir was tun will. Und vor schlechten Menschen, weil man kann ja nie wissen, wenn die was tun.

Was kannst du richtig gut?
Ich kann Leichtathletik gut, Turnen, in Mathe bin ich ganz gut; da hab ich immer Einser und Zweier. Und im Sport und im Schwimmen. Im Schwimmen bin ich besser als mein Bruder. **Was würdest du gerne besser können oder an dir anders haben wollen?** In Deutsch. Das kann ich nich' so gut. Und in MeNuK bin ich nich' so gut und in TW. Wenn man gute Noten hat, dann freut sich halt auch die Mutter. Wenn ich 'ne gute Note nach Hause bring, dann sagt meine Mutter, dass sie auf mich stolz ist, weil ich so gut bin.

Welchen Beruf kannst du dir für dich vorstellen?
Ich würd gerne Zahnärztin werden. Mein Onkel ist Zahnarzt und das find ich toll. Und die Assistentin, die hält dann den Schlauch rein, und das find ich halt cool.

Gibt es was, was die Deutschen richtig gut können?
Die können gut ... also die Deutschen können gut Kartoffeln machen, also die find ich lecker. Und da sind die Leute nett.

Gibt es Dinge, die andere Länder besonders gut machen?
In Italien, da können die gut Pizza backen. Und in Frankreich haben die da so ein Getränk, ich weiß nicht mehr wie das heißt, aber das schmeckt halt so lecker. Das können die auch gut.

Was gefällt dir am Kindsein?
Dass ich nich' putzen muss, da muss meine Mama immer meine Kleider putzen. Und dass ich noch nich' arbeiten muss, find ich gut. Wenn man klein is', hat man auch mehr Freunde. Und dass meine Eltern nich' so alt sind, find ich gut. **Was stört dich am Kindsein?** Nichts.

Stell dir mal vor, du bist erwachsen. Wie bist du, was machst du?
Ich stell mir vor, dass ich 'ne Zahnärztin wär und dass ich kurze Haare hätte und die mir gefärbt hab in Rot. Dass ich klug bin und schlau und dass ich, wenn ich Kinder hab, denen helf.

Was ist dein allergrößter Wunsch?
Dass meine Mutter nich' mehr so viel waschen muss und dass mein Vater für mich immer Zeit haben soll. Weil der arbeitet halt immer und den seh ich halt nur montags und dienstags. Der hat da frei. Sonst seh ich ihn eigentlich nich'.

Wo siehst du die größten Probleme in der Welt?
Dass die Leute arbeiten müssen, das is' ein Problem, weil manche Eltern arbeiten halt tagsüber und dann müssen die Kinder alleine in die Schule gehen, weil manchmal kommen die zu spät und lernen nich' so viel.

Glaubst du an Gott? Ja. **Wie stellst du ihn dir vor?** Wie Jesus.

Was war das Tollste, was dir je passiert ist?
Dass ich ein Tier endlich gekriegt hab, 'n Hasen, der is' jetzt aber schon gestorben. Und dass ich am ersten Schultag Freunde kennengelernt hab, fand ich toll und dass ich 'ne tolle Lehrerin gekriegt hab.

Wenn du Chef von Deutschland wärst, was würdest du machen, worum würdest du dich kümmern?
Ich würd machen, dass ... also ... die Zugbahnen sind ja manchmal gesperrt, und ich würd machen, dass die sich nich' mehr streiten sollen, weil so kommen die Leute halt immer zu spät oder kommen gar nich' an.

Chocolate Baby
Best Flavour
Guaranteed
Bitter
EAT ME!

ERIC, 8 JAHRE

Erzähl mal, was du so machst, wenn du mit den Hausaufgaben fertig bist.
Dann spiel ich zuhause was oder ich male was. Manchmal lese ich auch Bücher, das macht mir am meisten Spaß.

Wieso sind Freunde wichtig im Leben?
Man kann ja nicht immer alles allein machen.

Wovor fürchtest du dich?
Vor so bösen Menschen, die einem wehtun wollen. Hier in der Schule ist auch so jemand, der mir immer hinterherläuft. Der ist viel älter als ich. Ich renn dann immer in mein Klassenzimmer.

Was kannst du richtig gut?
Was bauen. Und was ich sehr gut kann, ist: Ich weiß ganz viel von der Titanic. Ich weiß, wie es innen aussieht, und weiß, warum sie gebrochen ist und all so was. Ich hab einen Film gesehen und mir dann Bücher gekauft. **Was würdest du gerne besser können oder an dir anders haben wollen?** Mathe! Teilen kann ich nicht so gut.

Welchen Beruf kannst du dir für dich vorstellen?
Ingenieur würde ich gern sein.

Gibt es was, was die Deutschen richtig gut können?
Ja, gut zeichnen und manche haben einen schönen Beruf und machen so Experimente, das find ich gut. **Gibt es Dinge, die andere Länder besonders gut machen?** In Sardinien fährt man mit einer Fähre über's Meer, das find ich toll, vor allem bei Sturm.

Was gefällt dir am Kindsein?
Da kann man noch was lernen. **Was stört dich am Kindsein?** Nichts. Ich würde lieber lernen als rausgehen.

Stell dir mal vor, du bist erwachsen. Beschreib, wie du bist.
Da würd ich arbeiten gehen und was bauen, am liebsten die Titanic noch mal. Ich kann dann sehr gut zeichnen.

Was ist dein allergrößter Wunsch?
Die Titanic zu bauen. Ich mag dieses Schiff halt, weil das ein Luxusdampfer war. Bei mir dürften die Armen auch in die Luxuskabinen reingehen.

Wo siehst du die größten Probleme in der Welt?
Böse Menschen! Es wäre schön, wenn's die einfach nicht gäbe. Das wär doch die Möglichkeit! Ich finde es nicht gut, wenn man jemanden schlägt, den man gar nicht kennt. Manche wissen gar nicht, was sie da tun oder sagen.

Glaubst du an Gott? Ja! **Wie stellst du ihn dir vor?** Er hat einen langen Bart und ein weißes Gewand. Und dann hat er eine weiße Friedenstaube in der Hand. Und alle Tiere kommen immer zu ihm.

Was war das Tollste, was dir je passiert ist?
Hmm, 's gibt viele Dinge. Es war toll auf dem Schiff, als es so geschaukelt hat. Und als mein Opa ganz schnell gefahren ist mit seinem Jeep in den Bergen. Er hat ein Haus im Elsass und da sind Schafe und ganz viele Tiere.

Wenn du Chef von Deutschland wärst, was würdest du machen, worum würdest du dich kümmern?
Dass jeder nicht mehr arm ist, jeder wär Millionär und die Diebe dürfen dann nicht mehr nach Deutschland.

FOREST
CANADIAN RESCUE TEAM

ANNA, 8 JAHRE

Erzähl mal, was du so machst, wenn du mit den Hausaufgaben fertig bist. Was spielen oder ich gehe ins Ballett oder ans Klavier. Ich hab nur Donnerstag und Freitag frei, und Samstag und Sonntag. Dann gehe ich auf den Spielplatz, da sind Kinder, die sind so alt wie ich, so neun und zehn. Dann spielen wir am Teich.

Wieso sind Freunde wichtig im Leben? Dass man jemand hat, dem man vertrauen kann. Und dass man jemanden hat zum Spielen.

Wovor fürchtest du dich? Ich bin die einzige in meiner Familie, die blondhaarig ist, dann denke ich manchmal, dass ich das falsche Kind bin. Meine Oma und Opa sagen, dass sie auch nicht blond waren. Aber die Augen sind wie bei der Mama.

Was kannst du richtig gut? Ballett! Ich bin die Beste im Ballett, die Beste aus der Gruppe. Das hat meine Ballettlehrerin gesagt. **Was würdest du gerne besser können oder an dir anders haben wollen?** Diktat besser, ich bin schlecht in Diktat. Und meine Haare: Meine Mutter hätte auch gerne blonde Haare, und ich hätte gerne so ein schönes Braun wie meine Cousine.

Welchen Beruf kannst du dir für dich vorstellen? Kann mir keinen vorstellen.

Gibt es was, was die Deutschen richtig gut können? Eigentlich nicht. Ich find eigentlich alle gut. Außer die, die Krieg anfangen. Deutschland hat ja Krieg angefangen damals. **Gibt es Dinge, die andere Länder besonders gut können?** Es gibt ein Land, weiß grad nicht, wie das heißt, aber da darf man nicht auf den Boden spucken. Das finde ich gut, denn dann tritt man nicht in die Spucke rein, das ist eklig.

Was gefällt dir am Kindsein? Dass man spielen kann und dass man Sachen machen darf, die Erwachsene nicht dürfen. Zum Beispiel sich mit der kleinen Schwester streiten. **Stört dich was am Kindsein?** Die Hausaufgaben stören mich. Eigentlich würde ich gerne immer spielen und zum Spielplatz gehen.

Stell dir mal vor, du bist erwachsen. Wie bist du, was machst du? Wenn ich das Gymnasium schaffe, kriege ich Ohrringe. Wenn ich groß bin, gehe ich arbeiten, aber eigentlich will ich gar nicht so viel arbeiten, das ist ja doof, und alle Berufe, die ich mir ausgesucht habe, da verdiene ich zu wenig Geld. Zum Beispiel Balletttänzerinnen verdienen nicht so viel, als Ballerina.

Was ist dein allergrößter Wunsch? Das Gymnasium zu schaffen. In der Realschule komme ich raus mit fünfzehn und sonst mit siebzehn, so hab ich noch mehr von meiner Kindheit.

Wo siehst du die größten Probleme in der Welt? Dass Kinder hungern und so. Wir haben schon gespendet. Und welche vom Gymnasium und der Realschule, die haben so 'n Auto bemalt und haben es dann zu den armen Kindern geschickt, dass die nicht so weit laufen müssen.

Glaubst du an Gott? Ja. **Wie stellst du ihn dir vor?** Dass er einen weißen Bart hat und weiße lange Haare und so 'n Gewand an hat, so 'n weißes und dass er lieb ist zu den Menschen, also er hilft denen auch.

Was war das Tollste, was dir je passiert ist? Als ich erfahren habe, dass ich im Ballett die Beste bin. Das fand meine Mama auch. Dann habe ich auch noch ein gutes Diktat geschrieben und am selben Tag habe ich erfahren, dass ich die beste im Ballett bin, da hat sie mir Haargummis fürs Ballett geschenkt.

Wenn du Chef von Deutschland wärst, was würdest du machen, worum würdest du dich kümmern? Dass die Kinder mehr Essen kriegen und sie nicht mehr verhungern. Und dass hier nie wieder Krieg ist.

CEM, 8 JAHRE

Erzähl mal, was du so machst, wenn du mit den Hausaufgaben fertig bist. Dann spiel ich manchmal mit Autos oder Lego. Manchmal auch mit Freunden. Ich guck manchmal Fernseh, aber meistens spiel ich. Ich mach Handball jeden Freitag und geh zum Fechten. Ich bin auch im Schulchor.

Wieso sind Freunde wichtig im Leben? Weil man mit denen ganz toll spielen kann. Man hat jemand zum Dasein und zum Liebhaben.

Wovor fürchtest du dich? Ich fürchte mich vor meinen Träumen. Ich hab manchmal ganz schreckliche, da hab ich Probleme damit. Und dass was Schlimmes passieren kann.

Was kannst du richtig gut? Ich kann gut klettern, das mach ich ganz gerne. Und Schwimmen, da hab ich ein paar Probleme, aber das krieg ich schon hin. **Was würdest du gerne besser können oder an dir anders haben wollen?** Handball.

Welchen Beruf kannst du dir für dich vorstellen? Ich würd gerne Formel-Eins-Fahrer werden. Das hab ich seit Jahren geträumt. Da kann man Geld verdienen und Pokale. Wenn das nicht geht, dann würd ich gern Lokführer werden.

Gibt es was, was die Deutschen richtig gut können? Ich bin Fan von FC Bayern, das ist ja auch in Deutschland, und die Spieler find ich sehr gut. **Gibt es Dinge, die andere Länder besonders gut machen?** Nee.

Was gefällt dir am Kindsein? Wir können viele Sachen machen, Ausflüge mit der Schule. Als Erwachsener kann ich das nicht mehr. **Was stört dich am Kindsein?** Nichts.

Stell dir mal vor, du bist erwachsen. Wie bist du, was machst du? Ich würde glaub ich noch hier in Deutschland wohnen, weil es mir hier echt gut gefällt, und mit meinen Berufen würd ich glaub klarkommen. Ich wohn mit meiner Familie, weil alleine hab ich's nicht so gern.

Was ist dein allergrößter Wunsch? Rennfahrer zu werden. Mit fünf hab ich schon angefangen Formel Eins zu gucken.

Wo siehst du die größten Probleme in der Welt und warum? Wenn man Krieg macht, das ist ganz schlimm. Das mag ich nicht. Und wenn es Unfälle gibt. Und die Diebe, die klauen ja nur. Die können ja mal aufhören.

Glaubst du an Gott? Ja. **Wie stellst du ihn dir vor?** Daran hab ich noch nie gedacht.

Was war das Tollste, was dir je passiert ist? Dass wir im Urlaub waren, da waren wir wo ganz Tolles und das hat mir ganz gut gefallen. Da war so ein Haus mit Bällebad und was zum Klettern.

Wenn du Chef von Deutschland wärst, was würdest du machen, worum würdest du dich kümmern? Also, hab noch keine Ziele, nee.

OKI-DOKI

DIETER, 8 JAHRE

Erzähl mal, was du so machst, wenn du mit den Hausaufgaben fertig bist. Danach gehe ich in die Küche essen, spiele mit meinem Hund, gehe mit ihm Gassi oder gehe spazieren. Er ist klein und braun und heißt Boy. Mit Freunden treffe ich mich nicht so oft. Ich bin im Tanzen. Da tanzen wir Romantisches, glaube ich, Samba und Rumba und so. Das mache ich schon einen Monat und es macht Spaß.

Wieso sind Freunde wichtig im Leben? Damit man viel Spaß hat und nicht immer alleine ist. Damit man mit ihnen spielen kann und sich nicht so einsam fühlt.

Wovor fürchtest du dich? Vor Fledermäusen und Schlangen. Die habe ich hier noch nicht gesehen, aber schon im Film. Ich fürchte mich davor, dass sie auf mich fliegen und etwas mit meinem Körper tun, beißen oder was auch immer.

Was kannst du richtig gut? Fußball spielen! Meine Freunde und ich wohnen nebeneinander und da spielen wir meistens Fußball, und da bin ich dann in den vier Jahren richtig gut geworden. **Was würdest du gerne besser können oder an dir anders haben wollen?** Besser möchte ich in Deutsch sein. Damit ich in eine bessere Schule komme.

Welchen Beruf kannst du dir für dich vorstellen? Ich wollte mit zwölf anfangen, Zeitung austragen, und wenn ich groß bin, wollte ich eigentlich Fußballer werden. Aber jetzt gehe ich lieber ins Tanzen. Vielleicht werde ich Tänzer, das liegt mir. Wir tanzen da so richtig mit Mädchen, ist echt cool.

Gibt es was, was die Deutschen richtig gut können? Sie können sehr guten Sport machen! **Gibt es Dinge, die andere Länder besonders gut machen?** Weiß nicht. Wir fahren in den Sommerferien nach Ägypten und kriegen Essen und so umsonst, so »all inclusive« oder wie das heißt.

Was gefällt dir am Kindsein? Dass ich noch viel Spaß haben kann. Wenn ich erwachsen bin, kann ich nicht mehr so 'nen Spaß haben, weil ich ja sechs Tage die Woche arbeiten muss! **Was stört dich am Kindsein?** Dass die Größeren mich ärgern.

Stell dir mal vor, du bist erwachsen. Wie bist du, was machst du? Weiß noch nicht.

Was ist dein allergrößter Wunsch? Dass ich mal Bürgermeister einer Stadt werde, oder dass ich guten Erfolg habe in meinem Leben und eine gute Arbeit und alles. Am Bürgermeistersein finde ich gut, dass ich ein paar Leuten befehlen könnte, noch mehr Bäume zu pflanzen, damit es hier mehr Sauerstoff gibt.

Wo siehst du die größten Probleme in der Welt und warum? Dass die Bäume zurzeit abgerissen werden und da immer mehr Häuser reingebaut werden. Oder dass mehr Autos kommen und CO_2 in die Luft schaffen. Man könnte doch versuchen, mit einem Fahrrad irgendwo hinzufahren, das kein CO_2 macht. Außerdem sollte man nicht so viele Bäume abreißen, lieber mehr Bäume pflanzen.

Glaubst du an Gott? Ja. **Wie stellst du ihn dir vor?** Sehr groß, aber auch sehr mächtig.

Was war das Tollste, was dir je passiert ist? Dass ich überhaupt auf die Welt gekommen bin.

Wenn du Chef von Deutschland wärst, was würdest du machen, worum würdest du dich kümmern? Um die Leute und um die Pflanzen und alles. Ich möchte dafür sorgen, dass in einer Gasse, egal was geschieht, nicht einer geschlagen oder umgebracht wird. Ich würde was machen, damit wir mehr Pflanzen haben und mehr zu essen kriegen. Mais, Kartoffeln, Äpfel, Birnen. Die Leute sollen kein Fett und Kohlehydrate dazutun, sondern gesünder essen.

JONAS, 8 JAHRE

Erzähl mal, was du so machst, wenn du mit den Hausaufgaben fertig bist.
Zu meinem Freund gehen und spielen, alles Mögliche, mit Autos, mit ... Dann spiel ich Flöte und bin im Fußball.

Wieso sind Freunde wichtig im Leben?
Weil's sonst langweilig wär. Meine Mutter muss meistens kochen und mein Vater is' auch nie da.

Wovor fürchtest du dich?
Vor unserem Keller, wenn's dunkel ist und kein Licht an. Dann denk ich, da sind Spinnen und Räuber. Ich hab auch oft Alpträume und hab keine Ahnung, warum.

Was kannst du richtig gut?
Fußball spielen. Wir haben 'nen guten Trainer. **Was würdest du gerne besser können oder an dir anders haben wollen?** Deutsch kann ich nicht gut.

Welchen Beruf kannst du dir für dich vorstellen?
Handwerker, Fliesenleger. Wir haben jetzt den ganzen Keller Fliesen gelegt und ich hab zugeguckt.

Gibt es was, was die Deutschen richtig gut können?
Ja, die Schule, sonst wär ich immer allein zuhause, und Sport und Süßigkeiten und Häuser bauen. **Gibt es Dinge, die andere Länder besonders gut machen?** Mmh ja, die Franzosen backen gutes Baguette und in Italien backen sie gute Pizza.

Was gefällt dir am Kindsein?
Dass man noch jung ist und sich mehr bewegen kann und man noch mit Spielzeug spielen kann. Und dass man noch mehr naschen kann als die Eltern. **Was stört dich am Kindsein?** Nichts.

Stell dir mal vor, du bist erwachsen. Beschreib, wie du bist.
Weiß noch nicht.

Was ist dein allergrößter Wunsch?
Millionär zu sein, weil man sich fast alles kaufen kann: ein ganz großes Haus ... einfach ganz viel.

Wo siehst du die größten Probleme in der Welt und warum?
Krieg, weil da ganz viele Menschen sterben.

Glaubst du an Gott? Ja. **Wie stellst du ihn dir vor?** Sehr groß und sehr alt.

Was war das Tollste, was dir je passiert ist?
Beim Zeugnis mal 20 Euro. Da hab ich mir ein Spielzeug gekauft.

Wenn du Chef von Deutschland wärst, was würdest du machen, worum würdest du dich kümmern?
Um die Umweltverschmutzung, dass es keine mehr gibt. Das stinkt so und man könnte ersticken. In Parkhäusern zum Beispiel.

NATIVE AMERICANS
Cherokee
tribal
spirit

JULIA, 9 JAHRE

Erzähl mal, was du so machst, wenn du mit den Hausaufgaben fertig bist.
Nach draußen gehen, spielen mit Freundinnen. Wenn das Wetter schlecht ist, guck ich fern oder spiel mit meinen Kuscheltieren oder diesen kleinen Puppen. Und ich bin in der Musikschule, ich spiel Klavier.

Wieso sind Freunde wichtig im Leben?
Weil man mit denen Spaß haben kann und wenn man Sorgen hat, dann kann man mit denen reden drüber. Ja.

Wovor fürchtest du dich?
Vor Spinnen, wenn's ganz stockdunkel ist und vor Schlangen – die sind eklig.

Was kannst du richtig gut?
Mal überlegen ... Am besten kann ich Sport. Ja. **Was würdest du gerne besser können oder an dir anders haben wollen?** Weiß nicht.

Welchen Beruf kannst du dir für dich vorstellen?
Ich will Topmodel werden.

Gibt es was, was die Deutschen richtig gut können? Nö. **Gibt es Dinge, die andere Länder besonders gut machen?** Nö.

Was gefällt dir am Kindsein?
Weil man da viel Spaß haben kann und man kann die Zeit genießen, bevor man groß wird. **Was stört dich am Kindsein?** Wenn ich mit meiner Schwester streiten muss.

Stell dir mal vor, du bist erwachsen. Beschreib, wie du bist.
Weiß ich gar nicht.

Was ist dein allergrößter Wunsch?
Dass ich ein Pferd hab, das sind meine Lieblingstiere, und ich mag Pferde reiten.

Wo siehst du die größten Probleme in der Welt?
Wenn man streitet und sich mit seiner Freundin auseinandersetzt.

Glaubst du an Gott? Ja. **Wie stellst du ihn dir vor?** Weiß nicht.

Was war das Tollste, was dir je passiert ist?
Ich weiß grad nichts.

Wenn du Chef von Deutschland wärst, was würdest du machen, worum würdest du dich kümmern?
Dass die Kinder mehr zum Spielen haben und dass es nicht so viele Autos gibt. Das ist nicht so gut für die Bäume und nicht so gut für's Leben.

Superstar

CORSAIRS
Diamonds and Pearls History
Only for Girls

ANNA, 8 JAHRE

Erzähl mal, was du so machst, wenn du mit den Hausaufgaben fertig bist. Ich habe einen Nintendo DS zu Weihnachten bekommen, damit spiele ich, oder ich streichel ein bisschen unseren Hund. Dann gehe ich manchmal zu meiner Oma. Der helfe ich beim Kochen. Manchmal gucke ich Fernsehen und manchmal streiten wir auch ein bisschen. Zum Beispiel mag ich Pfannkuchen sehr gerne, aber sie will was anderes kochen. Gewinnen tut meistens Oma.

Wieso sind Freunde wichtig im Leben? Man muss ja auch mal was zum Reden haben, wenn das Eltern oder Lehrer nicht wissen sollen. Und Freunde braucht man halt.

Wovor fürchtest du dich? Ich habe Angst, wenn mich jemand anfasst, den ich nicht kenne, und wenn mir jemand zu nahe kommt.

Was kannst du richtig gut? Ich kann gut schwimmen, kochen kann ich auch, Pfannkuchen machen kann ich, und ich kann richtig gut mit meiner Mama was machen. **Was würdest du gerne besser können oder an dir anders haben wollen?** Mathe! Man muss ja auch was können im Kopf! Nicht nur leichte Sachen können, Mathe ist ja auch schwer.

Welchen Beruf kannst du dir für dich vorstellen? Tierärztin. Weil ich Tiere sehr mag und weil ich Tieren, wenn ich groß bin, helfen will.

Gibt es was, was die Deutschen richtig gut können? Fast alles. **Gibt es Dinge, die andere Länder besonders gut machen?** Nee, im Moment fällt mir grad nichts ein.

Was gefällt dir am Kindsein? Da bekommt man Spiele, die Erwachsene nicht spielen dürfen, und man darf in die Schule gehen. Ich gehe nämlich gern in die Schule, trotzdem ich Mathe nicht kann. **Stört dich was am Kindsein?** Dass ich ein bisschen Probleme habe mit Mathe. Ich wünschte mir, dass ich groß bin, dann könnt ich's besser. So groß wie du zum Beispiel. Ich habe jetzt Nachhilfe und ich habe noch Stützunterricht. Jetzt haben wir auch leichtere Sachen: untereinander rechnen.

Stell dir mal vor, du bist erwachsen. Wie bist du, was machst du? Dann würde ich gerne schwimmen und mit meinem Mann auch etwas machen, wenn ich überhaupt einen krieg. Dann werde ich auch mal kochen, Kochen finde ich nämlich auch gut. Und ich würde mich um meine Tiere kümmern.

Was ist dein allergrößter Wunsch? Mein Papa und seine Freundin haben jetzt ein Haus gefunden, aber das hat die Frau ihnen nicht gegeben. Meine Mama und mein Papa haben sich getrennt. Jedes zweite Wochenende gehe ich zu ihm. Ich würde mir wünschen, dass sie wieder so 'n Haus finden.

Wo siehst du die größten Probleme in der Welt und warum? Ein Amoklauf, den mag ich gar nicht. Vor dem haben viele aus meiner Klasse Angst. Eine Mitschülerin hat zur Lehrerin gesagt: »Kannst du die Tür abschließen?« Weil die ja auch hier waren, hat man gehört in den Nachrichten. Da kann man nichts machen, denn die Leute sind verrückt, denke ich mal.

Glaubst du an Gott? Ja. **Wie stellst du ihn dir vor?** Ich habe mir immer vorgestellt, dass er ein Mond ist. Aber das ist ja ein Mensch, hat mir meine Kommunionslehrerin erklärt, aber der lebt nicht mehr. Mein Papa zum Beispiel glaubt jetzt nicht an Gott.

Was war das Tollste, was dir je passiert ist? Weihnachten! Da hat sich mein zweiter Wunsch erfüllt und heute auch. Da habe ich ein Spiel bekommen und heute bekomme ich auch noch ein Spiel.

Wenn du Chef von Deutschland wärst, was würdest du machen, worum würdest du dich kümmern? Bei schlimmen Sachen würd' ich hingehen und sagen: »Das dürft ihr nicht.« Und ich würde mir ein großes Grundstück kaufen und alle Tiere im Tierheim zu mir nehmen.

it's for you to decide
TEAMSPIRIT
cool kids & hot rags

MARVIN, 9 JAHRE

Erzähl mal, was du so machst, wenn du mit den Hausaufgaben fertig bist. Also, ich spiel mit meinen Freunden und mit meinem Kater. Jeden Freitag spiel ich Basketball. Und ich hab angefangen, Gitarre zu spielen. Dann geh ich Fahrrad fahren, und mit einem Jungen aus der Nachbarschaft spiel ich auch Fußball.

Wieso sind Freunde wichtig im Leben? Wenn man sich wehgetan hat, können er oder sie einem helfen, und dass man jemand zum Spielen hat.

Wovor fürchtest du dich? Vor großen gefährlichen Tieren, vor bösen Menschen und manchmal auch vor Gewittern.

Was kannst du richtig gut? Basketball spielen, das mach ich schon drei Jahre. **Was würdest du gerne besser können oder an dir anders haben wollen?** Fußball! Alle Jungs aus der Klasse spielen Fußball und ich kann überhaupt kein Fußball.

Welchen Beruf kannst du dir für dich vorstellen? Beim WWF arbeiten oder Schauspieler. Am WWF find ich gut, dass man Tieren helfen kann, und an Schauspieler find ich gut, dass man auch witzige Sachen machen kann, da bin ich auch relativ gut, auch tragische Sachen. Meiner Mama spiel ich's manchmal vor.

Gibt es was, was die Deutschen richtig gut können? Fußball spielen. **Gibt es Dinge, die andere Länder besonders gut machen?** Amerikaner können gut dick sein, weil sie so viel Hamburger und so essen. Da wird man richtig dick. Als ich in Amerika war, da hab ich viele dicke Leute gesehen.

Was gefällt dir am Kindsein? Dass ein Kind mehr Sachen noch machen kann, weil ein Erwachsener lernt ja nicht so schnell. Und dass Kinder noch einfacher Sachen lernen können und nicht arbeiten müssen. **Was stört dich am Kindsein?** Dass man noch nicht Auto fahren kann.

Stell dir mal vor, du bist erwachsen. Beschreib, wie du bist. Also, erstmal den Führerschein machen und mir ein Haus kaufen. Oder nein! Doch kein Haus kaufen, lieber noch bei Mama bleiben und bei Papa.

Was ist dein allergrößter Wunsch? Autofahren zu können. Ich durfte ein paar Mal schon lenken und das fand ich so toll, dass ich einfach Auto fahren will.

Wo siehst du die größten Probleme in der Welt und warum? Die Umwelt. Ich hab den Film »Unsere Erde« gesehen und da hieß es, dass es 2030 keine Eisbären mehr geben wird, wenn wir so weitermachen. Man sollte einfach nicht mehr so viel Auto fahren, was ich eigentlich nicht so toll finde, aber eigentlich auch gescheit. Und dass die Leute aufhören zu rauchen, weil das ist ja auch Umweltverschmutzung. Die Leute sollten mal was Gutes für die Umwelt tun, zum Beispiel mal einen Tag in der Woche kein Auto fahren.

Glaubst du an Gott? Manchmal ja, manchmal nein. **Wie stellst du ihn dir vor?** Dass er mir Glück bringt und ein lieber Mensch ist. Und dass er nett aussieht.

Was war das Tollste, was dir je passiert ist? Als ich meinen Kater bekommen hab. Das war immer mein allergrößter Wunsch. Ich konnt das erst gar nicht glauben, weil wir wohnen im Reihenhaus, also im gemieteten. Das hätt ich mir nie vorgestellt. Ich durft ihn mir dann im Tierheim selber aussuchen. Er war auf der Krankenstation.

Wenn du Chef von Deutschland wärst, was würdest du machen, worum würdest du dich kümmern? Dass man einen Tag in der Woche nicht Auto fahren dürfte, dass man nur noch in ganz bestimmten Kneipen oder Restaurants rauchen dürfte und dass die Menschen ein Tag in der Woche kein Fleisch essen. Ich hab den Film »Unsere Erde« gesehen und da wurden auch Tiere umgebracht. Das war ein Horror für mich. Tiere haben Tiere umgebracht, da musste ich schon weinen, und danach war noch ein Ausschnitt, da hat ein Mensch ein Tier umgebracht, das fand ich auch schrecklich. Ich krieg jeden Monat vom WWF Post und da steht auch, dass Wilderer Tiere umbringen und dass die Menschen sich dafür einsetzen sollen.

ANN-KATHRIN, 9 JAHRE

Erzähl mal, was du so machst, wenn du mit den Hausaufgaben fertig bist.
Manchmal mit meinem Hasen spielen oder mit meinem Nintendo.

Wieso sind Freunde wichtig im Leben?
Wenn man sich mit Kindern gestritten hat, dann kann man zum Freund gehen und sagen: »Ich erzähl dir jetzt einfach mal ein Geheimnis und das behältst du jetzt für dich.«.

Wovor fürchtest du dich?
Wenn ich in's Bett muss, wenn's dann Gewitter gibt, da hab' ich manchmal Angst.

Was kannst du richtig gut?
Fällt mir jetzt irgendwie nichts ein. Aber ich kann gut Fahrrad fahren und gut mit meinem Hasen umgehen. Weil nämlich, wenn ich sag »Hoppel komm!«, dann hoppelt er hinter mir her. Und manchmal tu ich ihm auch 'ne Möhre geben und halt die so hoch, dann macht er dauernd Männchen. **Was würdest du gerne besser können oder an dir anders haben wollen?** Ich bin manchmal sehr vergesslich und da würd ich mal gern 'n bisschen schneller denken und nicht immer alles so schnell vergessen. Weil nämlich, dass ich auch irgendwo mal sehr, sehr, sehr, sehr gut bin. Im Moment bin ich nur im Fangen gut.

Welchen Beruf kannst du dir für dich vorstellen?
Vielleicht Tierärztin oder Tiere Kunststücke beibringen.

Gibt es was, was die Deutschen richtig gut können?
Die Deutschen können halt gut Deutsch und die haben auch fast sehr viele Menschen. Zum Beispiel in Frankreich sind viel weniger Menschen, und wir haben einen netten Bürgermeister und 'ne nette Bundeskanzlerin. **Gibt es Dinge, die andere Länder besonders gut machen?** Also, die Italiener können gut Pizza machen. Da war ich mal in Italien, da haben die sehr gut Pizza gemacht und auch Makkaroni. Und in Frankreich, die haben halt mehr Spielplätze. Und in Paris, das gehört ja auch noch zu Frankreich, da haben sie einen schönen Eiffelturm. Das haben nur wenige Menschen.

Was gefällt dir am Kindsein?
Als Kinder kann man halt mehr toben und so. Und ich durfte auch noch in die kleinen Karussells sitzen im Europapark. Und die Großen durften das nicht mehr. Und darum find ich es so schön, ein Kind zu sein. Aber irgendwann muss man halt auch mal erwachsen werden. **Was stört dich am Kindsein?** Also doof is', dass man bestimmte Sachen nicht alleine fahren darf, zum Beispiel den Silberstar. Da müssen immer Erwachsene dabei sein. Die is' halt sehr schnell. Mein Freund is' die schon gefahren und der hat sich nicht mal übergeben müssen.

Stell dir mal vor, du bist erwachsen. Beschreib, wie du bist.
Also, dann bin ich halt 'n bisschen fröhlicher, weil dann kann ich mich auch dagegensetzen, wenn sich zwei streiten, und als Kind wird man immer gleich mitverprügelt.

Was ist dein allergrößter Wunsch?
Ich würd halt gern einmal eine glatte Eins haben. Aber ich hab halt immer nur 'ne Zwei, 'ne Zwei minus oder 'ne Zwei plus. Ich würd gern mal 'ne Eins haben. Ich hab noch nie 'ne Eins gehabt. Weil nämlich dann kann ich auch mal sagen, dass ich 'ne gute Note hab. Die beste halt. Dann werd ich auch mal bewundert.

Wo siehst du die größten Probleme in der Welt?
Dass es Streit gibt. Und manche kein Zuhause haben.

Glaubst du an Gott? Ja. **Wie stellst du ihn dir vor?** Groß halt. Ich stell mir vor, dass er bestimmt sehr nett ist und dass man bestimmt bei dem gerne wohnen würde. Wenn meine Oma noch da wäre, dann könnt sie mir's beschreiben, wie der Gott is', weil die is' nämlich gestorben, und wenn sie jetzt runterkommen könnte, dann könnte sie's mir sagen.

Was war das Tollste, was dir je passiert ist?
An Weihnachten, an jedem Weihnachten bis jetzt, da hat mein Papa immer frei gehabt und da haben wir immer zusammen Geschenke ausgepackt, und manchmal tut der Papa auch meine Geschenke auspacken, wenn ich nicht mehr will.

Wenn du Chef von Deutschland wärst, was würdest du machen, worum würdest du dich kümmern?
Dass alle Menschen auf der Welt nicht traurig sein müssen, dass sie alle ein schönes Zuhause haben und dass nie mehr wieder Menschen weinen müssen.

BEN, 8 JAHRE

Erzähl mal, was du so machst, wenn du mit den Hausaufgaben fertig bist.
Also, ich hab meistens keine Zeit, was zu machen, weil montags hab ich Chor, dienstags hab ich Turnen, mittwochs hab ich frei, donnerstags hab ich wieder Turnen, freitags hab ich Fußball, samstags ruf ich ein paar Freunde an zum Fußballspielen, sonntags hab ich frei.

Wieso sind Freunde wichtig im Leben?
Falls die Schwestern nerven, damit man dann mit jemand anders spielen kann.

Wovor fürchtest du dich?
Vor Dynamit, so Minen. Ich hab mal gesehen, wie da ein Mensch in 'ne Mine getreten ist und da ist das Bein abgeflogen.

Was kannst du richtig gut?
Turnen und Fußball spielen. Weil ich das in meiner Freizeit oft mache. **Was würdest du gerne besser können oder an dir anders haben wollen?** Nichts.

Welchen Beruf kannst du dir für dich vorstellen?
Fußballer. Ich glaub, dass ich das gut kann.

Gibt es was, was die Deutschen richtig gut können?
Ja, ich glaub Deutschland kann gute Sachen organisieren. Jetzt in der Narrenzunft, die organisieren immer Sachen. Das können Narrenzünfte aus anderen Ländern nicht so gut, oder vielleicht schon, aber wir machen's halt öfter. **Gibt es Dinge, die andere Länder besonders gut machen?** Amerika kann besser laufen als viele Deutsche. Die Leichtathleten.

Was gefällt dir am Kindsein?
Man ist nicht so groß, man findet vieles lustiger als Erwachsene. Die lachen vielleicht mal kurz und dann hören sie wieder auf, weil es dann ja schon wieder weitergeht. Und Kinder haben halt mehr Zeit zum Lachen. **Was stört dich am Kindsein?** Dass man viele Sachen noch nicht machen darf.

Stell Dir mal vor, du bist erwachsen. Beschreib, wie du bist.
Ich glaub wie mein Vater, bloß Fußballspieler.

Was ist dein allergrößter Wunsch?
Fußballer zu werden. Also mir kommt's nicht aufs Geld an, aber ich find, es macht Spaß.

Wo siehst du die größten Probleme in der Welt?
Dass es immer wieder zu Krieg kommt. **Was kann man dagegen tun?** Man könnte alle Kriegswaffen einnehmen und zerstören und die Firmen, die das herstellen, nicht mehr weitermachen lassen.

Glaubst du an Gott? Ja. **Wie stellst du ihn dir vor?**
Groß, weiß, nett. Also mit 'nem weißen Gewand.

Was war das Tollste, was dir je passiert ist?
Als wir nach Amerika geflogen sind. Weil sich ja nicht jede Familie leisten kann, in den Sommerferien nach Amerika zu fliegen. Mir hat gefallen, dass alle Leute nett waren und dass es warm war.

Wenn du Chef von Deutschland wärst, was würdest du machen, worum würdest du dich kümmern?
Ich würde ein Rauchverbot machen und für die Obdachlosen noch ein Heim bauen.

NFL
49ERS
SAN FRANCISCO
SF

DAVID, 9 JAHRE

Erzähl mal, was du so machst, wenn du mit den Hausaufgaben fertig bist.
Dann geh ich manchmal auf den Spielplatz oder verabrede mich mit Freunden oder spiel halt Lego oder fahr halt 'n bisschen Eisenbahn. Das ist alles von Märklin. Ich bin im Schwimmverein und ich geh ins Handball von der Schule aus.

Wieso sind Freunde wichtig im Leben?
Weil man mit denen spielen kann, weil man dann nicht allein ist. Ich hab schon Freunde, aber die haben nicht immer Zeit. Die tun manchmal so, als ob sie nichts mit mir zu tun haben wollen. Das find ich ein bisschen blöd.

Wovor fürchtest du dich?
Wenn ich manchmal alleine gehe, hab ich manchmal Angst. Wenn zum Beispiel Jugendliche da sind, weil ich hab niemanden, der mit mir richtig läuft. Ich muss nämlich meistens allein laufen. Das ist für mich auch nicht schön, ganz schlimm für mich. Wir sind schon beinah mal überfallen worden deswegen, und da hab ich jetzt Angst!

Was kannst du richtig gut?
So Techniksachen bauen, Lego bauen halt so … kann ich verdammt gut, so Sachen. **Was würdest du gerne besser können oder an dir anders haben wollen?** 'N bisschen besser in Sport.

Welchen Beruf kannst du dir für dich vorstellen?
Da gibt's ganz viele Sachen: Archäologe, Architekt, Maschinenbauingenieur, noch viele andere Sachen.

Gibt es was, was die Deutschen richtig gut können?
Keine Ahnung, ich kenn mich da nicht so gut aus, bei dem Thema. **Gibt es Dinge, die andere Länder besser machen als die Deutschen?** Was mir in Deutschland hier überhaupt nicht gefallen hat: dass dieser komische Hitschler oder wie der heißt, so in den Krieg gezogen ist und hat ganz viele Menschen getötet und dass jetzt die ganzen Menschen darunter leiden müssen.

Was gefällt dir am Kindsein?
Dass man auch 'n bisschen spielen kann. Also Erwachsen sein is' nicht grade das Beste, weil man da arbeiten muss, weil man da kaum Zeit hat. **Stört dich was am Kindsein?** Ja, Wenn man zum Beispiel 'n paar bestimmte Sachen machen muss und der kleine Bruder muss es dann nicht machen, des ist dann bisschen unfair, find ich. Aber der ist ja auch kleiner. Der hat Vorteile, weil er mich hat! Der ist fünf und kann schon seinen Namen buchstabieren! Der guckt sich alles ab! Für mich ist das nicht gut, weil der in einer Weile mehr weiß als ich.

Stell dir mal vor, du bist erwachsen. Wie bist du, was machst du?
Das weiß ich noch gar nicht.

Was ist dein allergrößter Wunsch?
Dass meine Familie immer da ist und nicht stirbt, solange ich in der Kindheit bin. Das wär für mich ganz schlimm, wenn mein Vater und meine Mutter sterben würde. Dann müsst ich mit meinem Bruder ins Kinderheim und das wär nichts für mich, das wär schlimm.

Wo siehst du die größten Probleme in der Welt und warum?
Dass die Umwelt so arg verschmutzt wird. **Was kann man dagegen tun?** Sparsamer umgehen mit der Umwelt, also umweltfreundlichere Autos bauen, zum Beispiel, weniger Strom verbrauchen.

Glaubst du an Gott? Ja. **Wie stellst du ihn dir vor?** Dass er halt ganz großzügig ist und ganz nett.

Was war das Tollste, was dir je passiert ist?
Als ich zum Beispiel zum Geburtstag 'n ganzen Karton voll Lego gekriegt hab. Und mein Bruder hat nicht so viel gekriegt.

Wenn du Chef von Deutschland wärst, was würdest du machen, worum würdest du dich kümmern?
Ich würde mich kümmern, dass es hier nicht so viele Kriege geben würde, dass die Kinder hier auch anständig leben könnten, dass es alles hier ganz schön wär. Ich würde es besser finden, wenn hier in Deutschland am Besten alle Kinder gleich wären, also wenn's allen gut gehen würde, es gibt ja auch Straßenkinder und so, also dass die in ein Kinderheim kommen und dass die dann da ordentlich zu essen kriegen.

LOONEY TUNES

DIOGO, 10 JAHRE

Erzähl mal, was du so machst, wenn du mit den Hausaufgaben fertig bist.
Ich geh nie allein raus, nur wenn meine Freunde draußen sind. Oft sind die beim Fußball oder so. Ich mach die Hausaufgaben schneller und hab auch fast keine Fehler. Wenn Freunde draußen sind, dann spielen wir Räuber und Gendarm und Fußball.

Wieso sind Freunde wichtig im Leben?
Mit denen vertrag ich mich gut. Aber einer ist nicht so nett und schlägt mich manchmal auch. Er will immer der Kapitän sein im Fußball.

Wovor fürchtest du dich?
Am meisten vor Spinnen, die sind manchmal in der Ecke.

Was kannst du richtig gut?
Fußball und Singen – ich hab 'ne gute Stimme – Mathe und Rennen. **Was würdest du gerne besser können oder an dir anders haben wollen?** Einfach mal alleine sein mit meinen Freunden. Manchmal hab ich auch Stress mit meinen Eltern. Das hasse ich. Ich will keinen Stress haben.

Welchen Beruf kannst du dir für dich vorstellen?
Polizist. Fußballer. Ich kann gut zielen, ich kann gut schwimmen. Man muss ja schwimmen können.

Gibt es was, was die Deutschen richtig gut können?
Ich weiß echt nicht. **Gibt es Dinge, die andere Länder besonders gut machen?** In Portugal ist es sehr ordentlich, aber es gibt ganz viele Brände. Ganz in der Nähe von meinem Haus war ein Waldbrand. Ich hab die ganze Zeit zugeschaut.

Was gefällt dir am Kindsein?
Man kann mehr Fußball spielen, also spielen, und muss nichts machen, keine Hausarbeit oder so. Man muss halt Hausaufgaben machen immer. Aber Wissenschaftler haben bewiesen, dass Hausaufgaben keinen Sinn machen. Wir lernen ja in der Schule, also wieso noch Hausaufgaben? Das hat mir mein Freund erzählt. Ich glaub ihm!

Stell dir mal vor, du bist erwachsen. Wie bist du, was machst du?
Ich will Fußballer sein in Portugal, das wär mein Traum.

Was ist dein allergrößter Wunsch?
Dass ich mal mit meiner Lieblingsband singen kann, das ist eine Portugiesische Band. Ich kann schon ein paar Lieder auswendig.

Wo siehst du die größten Probleme in der Welt?
Dass die Welt nicht ordentlich ist, manchmal gibt es Schlägereien oder die Leute werfen den Müll auf den Boden, rauchen. Das mag ich nicht.
Was kann man dagegen tun? ---

Glaubst du an Gott? Ja. **Wie stellst du ihn dir vor?** Mit 'nem Bart und 'n bisschen lange Haare.

Was war das Tollste, was dir je passiert ist?
Dass ich jetzt Zirkus hab, da kann ich immer vorführen.

Wenn du Chef von Deutschland wärst, was würdest du machen, worum würdest du dich kümmern?
Ich würde Ordnung machen und Rauchen und Schlägereien verbieten. Waldbrände verhindern – das wünsche ich mir am meisten.

ÖZGE, 10 JAHRE

Erzähl mal, was du so machst, wenn du mit den Hausaufgaben fertig bist.
Ich geh bisschen raus oder ich spiel Computer mit meiner Freundin.

Wieso sind Freunde wichtig im Leben?
Man hilft sich gegenseitig.

Wovor fürchtest du dich?
Ich hab Angst in der Nacht, weil es so dunkel ist.

Was kannst du richtig gut?
Lesen. **Was würdest du gerne besser können oder an dir anders haben wollen?** Deutsch würd ich gern besser können.

Welchen Beruf kannst du dir für dich vorstellen? Lehrerin.

Gibt es was, was die Deutschen richtig gut können?
Nein, weiß nicht. **Gibt es Dinge, die andere Länder besonders gut machen?** Türkei. Die können gut Türkisch reden.

Was gefällt dir am Kindsein? ---
Was stört dich am Kindsein?
Mir fällt nichts ein.

Stell dir mal vor, du bist erwachsen. Beschreib, wie du bist.
Ich wohn allein. Ich koche oder backe und lese ein Buch.

Was ist dein allergrößter Wunsch?
Dass es schulfrei gibt.

Wo siehst du die größten Probleme in der Welt?
Schlagen is' schlimm.

Glaubst du an Gott? Nein.

Was war das Tollste, was dir je passiert ist?
In der Schweiz war es schön, da durften wir jeden Tag raus.

Wenn du Chef von Deutschland wärst, was würdest du machen, worum würdest du dich kümmern?
Dass wir viel lernen.

TIM, 8 JAHRE

Erzähl mal, was du so machst, wenn du mit den Hausaufgaben fertig bist. Zuerst leg ich mich ein bisschen auf's Bett. Dann holt mich mein Freund ab und wir fahren mit dem Cityroller rum. Ich lerne Flöte und Trommel, fange an mit Fagott und geh in 'n Sportverein.

Wieso sind Freunde wichtig im Leben? Man kann mit denen Spaß haben.

Wovor fürchtest du dich? Vor dem Tod. Ich will leben!

Was kannst du richtig gut? Vieles. Turnen. Im Sport bin ich einer der Besten. **Was würdest du gerne besser können oder an dir anders haben wollen?** Eigentlich nichts.

Welchen Beruf kannst du dir für dich vorstellen? Das muss ich jetzt mal überlegen … Sportlehrer.

Gibt es was, was die Deutschen richtig gut können? Handball spielen. **Gibt es Dinge, die andere Länder besser machen als die Deutschen?** Nee.

Was gefällt dir am Kindsein? Da hab ich mehr Freizeit, wenn ich erwachsen bin, muss ich arbeiten, Sachen schreiben … **Stört dich was am Kindsein?** Dass die Eltern bestimmen.

Stell dir mal vor, du bist erwachsen. Wie bist du, was machst du? Mit meinen Freunden rumhängen. Vieles kann ich mir vorstellen …

Was ist dein allergrößter Wunsch? Fliegen können und dass meine ganze Familie am Leben bleibt. Mehr nicht.

Wo siehst du die größten Probleme in der Welt? Naturkatastrophen. Ich interessier mich ja sehr für Tiere … und die Antarktis schmilzt … Man sollte nicht so viel Auto fahren, lieber Straßenbahn oder Fahrrad, oder laufen.

Glaubst du an Gott? Eigentlich nicht.

Was war das Tollste, was dir je passiert ist? Keine Ahnung. Ich find alles toll … Als ich mal mit meinem Papa auf 'nem Boot gesteuert hab. Das war toll.

Wenn du Chef von Deutschland wärst, was würdest du machen, worum würdest du dich kümmern? Um die Tiere ganz arg. Zum Beispiel die Hasen, die haben nicht mehr so viel Platz und können sich nicht mehr vermehren. Ich möchte mal 'ne Reise um die Welt machen.

TARIK, 9 JAHRE

Erzähl mal, was du so machst, wenn du mit den Hausaufgaben fertig bist.
Draußen spielen. Manchmal geh ich zu meinem Freund. Wenn ich wieder nach Hause komm, ess ich vielleicht schnell was, dann schau ich fern.

Wieso sind Freunde wichtig im Leben?
Die helfen ihren Freunden, dann spielen sie mit den Freunden, machen was mit den Freunden.

Wovor fürchtest du dich?
Wenn ein Amokläufer rumläuft oder ein Tornado oder ein Meteorit kommt. Manche werden auch getötet oder so.

Was kannst du richtig gut?
Fußball spielen. **Was würdest du gerne besser können oder an dir anders haben wollen?** Auch im Fußball, weil andere sind besser als ich. Die sind schon in der vierten Klasse.

Welchen Beruf kannst du dir für dich vorstellen?
Ich würd gern Taucher werden im Ozean, weil ich die Fische bewunder da und alles. Und da gibt es ja auch Tiere, wo ich nicht kenn und so, deswegen will ich immer tauchen. Bin ich auch in der Türkei. Hab mir extra Flossen und Schnorchel und 'ne Taucherbrille geholt und bin hinter dem Korallenriff gewesen. Da waren ganz viel Fische und so. Da hab ich 'nen vierbeinigen Krebs gesehen!

Gibt es was, was die Deutschen richtig gut können?
Eigentlich gar nichts. Doch, Fußball spielen. **Gibt es Dinge, die andere Länder besonders gut machen?** Die Italiener können besser Fußball spielen, die Franzosen sind auch besser als wir.

Was gefällt dir am Kindsein?
Wenn unter einen ganz engen Tisch ein Kuli drunter fliegt, kommt man besser dran, wenn man klein ist. **Was stört dich am Kindsein?** Nichts.

Stell dir mal vor, du bist erwachsen. Beschreib, wie du bist.
Klug, besser im Fußball auf jeden Fall, dann kann ich besser Snowboard fahren. Sonst nichts mehr.

Was ist dein allergrößter Wunsch?
Im Ozean tauchen. Das ist echt cool, wenn man unter Wasser alles sieht und alle Tiere im Wasser beobachten kann.

Wo siehst du die größten Probleme in der Welt?
Für'n Kind is' es, schlechte Noten zu kriegen. Ich glaub, wenn man größer is', ist das größte Problem, dass man zu schlecht in der Arbeit ist und rausgeworfen wird oder so. **Was kann man dagegen tun?** In Bücher reinschauen und noch mehr lernen.

Glaubst du an Gott?
Ja, ein wenig. **Wie stellst du ihn dir vor?** Weiß ich nich', wie der aussieht. Is' das eigentlich 'n Mensch oder so?

Was war das Tollste, was dir je passiert ist?
Das Tollste war, als ich getaucht bin, hab ich einen giftigen Fisch gesehen, der hatte hinten 'n Stachel.

Wenn du Chef von Deutschland wärst, was würdest du machen, worum würdest du dich kümmern?
Ich würd 'n Freibad machen, wo man nichts zahlen muss, und 'n Hallenbad.

19
J
F
75
Jetside Flyers

RICCARDO, 8 JAHRE

Erzähl mal, was du so machst, wenn du mit den Hausaufgaben fertig bist.
Spielen. Mit meiner Schwester oder alleine. Olympische Spiele, ist so 'n Wii-Spiel.

Wieso sind Freunde wichtig im Leben?
Freunde sind wichtig, damit man anderen helfen kann.

Wovor fürchtest du dich?
Vor der Dunkelheit. Als Kind konnte ich nicht im Dunkeln schlafen. Im Dunkeln machen die immer so ein Kinderfon, wo sie mich hören, was ich mache, und dann kommt dies rote Licht und das hat sich immer bewegt, wo ich das gesehen habe.

Was kannst du richtig gut?
Rechnen. Mir macht's Spaß. **Was würdest du gerne besser können oder an dir anders haben wollen?** Französisch und Italienisch. Französisch, weil wenn wir irgendwo bei Französischen, äh Franzosen gehen, dann muss ich gut Französisch sprechen und verstehen. Und ich möchte Italienisch lernen, weil meine Familie italienisch ist.

Welchen Beruf kannst du dir für dich vorstellen?
Mechaniker für Maschinen. Weil ich gerne Mathe mache, weil da ist es gut, wenn man gut Mathe macht.

Gibt es was, was die Deutschen richtig gut können? Nein. **Gibt es Dinge, die andere Länder besonders gut machen?** Die Italiener. Sie machen das Essen besser, sie machen's nicht so teuer und sie beschmutzen nicht die Welt.

Was gefällt dir am Kindsein?
Die Geschenke. **Was stört dich am Kindsein?** Nichts.

Stell dir mal vor, du bist erwachsen. Wie bist du, was machst du?
Hab ich kein Bild.

Was ist dein allergrößter Wunsch?
Mein allergrößter Wunsch ist ein Pokemon-Zimmer zu haben. Weil ich bin sehr arger Pokemon-Fan.

Wo siehst du die größten Probleme in der Welt?
Die größten Probleme sind in der Welt die Umweltverschmutzung. Weil wir brauchen Tiere, um zu überleben. Und wenn zu viel Umweltverschmutzung kommt, sterben die Tiere.

Glaubst du an Gott? Ja. **Wie stellst du ihn dir vor?** Er hilft jedem. Er ist bei jedem in sich. Man kann ihn nur im Herzen sehen.

Was war das Tollste, was dir je passiert ist?
Das Tollste ist Lachen. Ich finde fast alles witzig, darum lach ich immer sehr viel und gerne.

Wenn du Chef von Deutschland wärst, was würdest du machen, worum würdest du dich kümmern?
Also das Rauchen absagen. Den Müll nicht einfach rumschmeißen, nicht viel mit Autos fahren und nicht viel Strom verschwenden.

adidas

DOGUHAN, 9 JAHRE

Erzähl mal, was du so machst, wenn du mit den Hausaufgaben fertig bist.
Hausaufgaben mach ich im Hort, danach spiel ich. Dann holt mich meine Mutter ab. Meine Freunde treff ich nur in der Schule. Bei mir wohnt keiner.

Wieso sind Freunde wichtig im Leben?
Damit man Spaß hat. Es ist traurig, wenn man keine Freunde hat.

Wovor fürchtest du dich?
Das will ich nicht sagen. Ich hatte schon mal einen Traum. Ich hab große Dachfenster und ich hab geträumt, dass Gesichter durch das Fenster kommen, und ich konnte mich nicht mehr bewegen.

Was kannst du richtig gut?
Da gibt es so viele Sachen! Fragen Sie doch einfach, was ich am meisten mag! **Was magst du am meisten?** Mit Holz arbeiten. Ich hab schon selber einen Puppenwagen gemacht. Aber im Haushalt mithelfen mag ich nicht. Und ich kann das Auto waschen und Luft in die Reifen machen. **Was würdest du gerne besser können oder an dir anders haben wollen?** Muss überlegen. Helfen kann ich gut. Fußball spielen kann ich nicht so gut, und ich seh nicht so gut. Wenn ich von hinten auf die Tafel gucke, brennen meine Augen.

Welchen Beruf kannst du dir für dich vorstellen?
Bei Mercedes arbeiten oder in der Tankstelle oder Zahnarzt. Ich kann auch gut schwimmen. Wenn ich im Urlaub bin in der Türkei, dann fahr ich mit dem Boot raus und sag dem Kapitän, er soll stoppen und dann spring ich ins Wasser.

Gibt es was, was die Deutschen richtig gut können?
Manche fahren schön Auto. **Gibt es Dinge, die andere Länder besonders gut machen?** Amerika. Das gibt es schöne Baseballschläger und da wohnt Fifty Cent. Und in Berlin gibt's alles.

Was gefällt dir am Kindsein?
Gute Frage. Weiß ich nicht. **Stört dich was am Kindsein?** Gar nichts.

Stell dir mal vor, du bist erwachsen. Wie bist du, was machst du?
Dann geh ich mit meinen Kindern einkaufen und im Winter geh ich Schlittschuh fahren. Ich mach vieles mit meinen Kindern.

Was ist dein allergrößter Wunsch?
In der Türkei zu wohnen. Ich wünsch mir, dass ich nicht mehr meine Medizin trinken muss. Kennen Sie Epilepsie? Das hab ich! Das nervt, seit ich vier bin muss ich jeden Tag Medizin trinken. Ob es aufhört, bestimmt Gott.

Wo siehst du die größten Probleme in der Welt?
Quatsch machen in der Schule und nicht zuhören. **Was kann man dagegen tun?** Sich verbessern.

Glaubst du an Gott?
Ja. **Wie stellst du ihn dir vor?** Ich stelle ihn mir klein vor. Aber er ist groß, er sieht uns – ich seh ihn nicht. Manchmal frag ich mich, wie er das macht, hat er vielleicht einen Zaubertrick?

Was war das Tollste, was dir je passiert ist?
In der Türkei ins Meer zu springen oder Jet-Ski fahren.

Wenn du Chef von Deutschland wärst, was würdest du machen, worum würdest du dich kümmern?
Dass die Kinder besser werden in der Schule und in der Art, wie sie sind. Manche Kinder sind frech und manche Kinder sind gut. Die Lehrer sollen lieb sein und den Kindern soll die Schule gefallen.

GUERREROS
ウォリヤーズ

EKIN, 8 JAHRE

Erzähl mal, was du so machst, wenn du mit den Hausaufgaben fertig bist.
Ich les 'n bisschen, danach spiel ich mit meiner Schwester, ich mal 'n bisschen und danach hab ich Pause, also wir haben mit meiner Mutter so 'n kleinen Stundenplan gemacht. Mit Freundinnen spielen wir manchmal Volleyball, Handball, weil ich bin im Handballverein, das macht halt Spaß.

Wieso sind Freunde wichtig im Leben?
Weil man halt damit Spaß hat, wenn man keine Freundinnen hat, dann kann man nichts Einziges machen. Wenn man in der Pause ist und spielen will, dann läuft man eigentlich nur noch rum.

Wovor fürchtest du dich?
Vor Spinnen und Schlangen, weil Schlangen so kriechen, das macht mich fürchterlich ängstlich, und vor Skorpionen hab ich viel Angst, wegen dem kleinen Schwanz.

Was kannst du richtig gut?
Handballspielen und Mathe, ich übe mit meiner Mutter gern Mathe, und sie war früher auch in Mathe sehr gut. **Was würdest du gerne besser können oder an dir anders haben wollen?** Ja, Fußball, ich würde es gerne können, weil meine anderen Freunde, die können das auch.

Welchen Beruf kannst du dir für dich vorstellen?
Tanzen und Handballerin, Ausbildung machen, in so Städte gehen, verreisen.

Gibt es was, was die Deutschen richtig gut können?
Die können wirklich gut kochen, die können gut spielen, also es ist besser als in der Türkei. **Gibt es Dinge, die andere Länder besser machen als die Deutschen?** China, die können gut Sushi, und dazu können sie auch sehr schnell sprechen und von oben nach unten lesen, boah!, das find ich am besten.

Was gefällt dir am Kindsein?
Wenn ich jetzt auf einmal so groß wäre, dann würde ich nichts mehr lernen als Mathe und Deutsch, dann würde ich nichts Neues wissen. Also ein Kind zu sein ist wirklich gut. **Stört dich was am Kindsein?** Ja, manche Sachen darf ich nicht machen, zum Beispiel kochen. Das macht mir eigentlich 'n bisschen Spaß, aber Mama lässt mich nicht an den Herd.

Stell dir mal vor, du bist erwachsen. Wie bist du, was machst du?
Weiß ich nicht. Das kommt noch nachher, wenn ich erwachsen bin, dann weiß ich, was ich mach.

Was ist dein allergrößter Wunsch?
Dass meine ganze Familie gesund ist, dazu noch, dass die Kinder in Afrika mehr Essen haben, dass auf der ganzen Welt kein Krieg mehr ist, so wie in Deutschland.

Wo siehst du die größten Probleme in der Welt und warum?
Krieg, kein Essen noch dazu Krieg, da werden Millionen von Menschen im Jahr getötet. **Was kann man dagegen tun?** Ich weiß es nicht. Den Krieg stoppen, das geht nicht.

Glaubst du an Gott?
Ja. **Wie stellst du ihn dir vor?** Lieb, nett, nicht böse, dass der den Menschen hilft.

Was war das Tollste, was dir je passiert ist?
Weiß nicht mehr.

Wenn du Chef von Deutschland wärst, was würdest du machen, worum würdest du dich kümmern?
Eigentlich ist es hier ganz nett, aber ... Ich würde einfach Deutschland so lassen.

SHAZA, 8 JAHRE

Erzähl mal, was du so machst, wenn du mit den Hausaufgaben fertig bist.
Ich mach Hausaufgaben. Zwei Stunden lerne ich. Dann geh ich mit meiner Schwester spielen. Ich hab zwei Geschwister. Ich lerne gern, manche Sachen machen voll viel Spaß, zum Beispiel Mathe. Jeden Freitag geh ich in die Moschee. Am Samstag singen wir manchmal islamische Lieder. Wir haben so einen Chor und singen schöne Lieder, und wenn wir ein Fest haben, dann singen wir das vor. Das macht Spaß. Da treff ich auch meine Freundinnen.

Wieso sind Freunde wichtig im Leben?
Weil sie einem helfen und wenn man irgendwie runterfällt und sich wehgetan hat, dann können sie helfen. Zum Beispiel Hilfe holen.

Wovor fürchtest du dich?
In der Nacht, weil ich manchmal in der Nacht Angst bekomm. Ich hab Albträume, dass mich jemand klauen will. Und manchmal schrei ich ganz, ganz laut vor Angst, weil ich denk, da wär jemand. Und wenn ich anfange zu schreien, dann schreien auch alle meine Geschwister.

Was kannst du richtig gut?
Mathe, weil Mathe leicht ist und Spaß macht. **Was würdest du gerne besser können oder an dir anders haben wollen?** Deutsch, weil ich in Deutsch ein bisschen schlecht bin. Da will ich mich verbessern. Deutsch ist wichtig, wenn man miteinander reden will.

Welchen Beruf kannst du dir für dich vorstellen?
Ich will Ärztin werden, aber ich hab Angst, wenn ich jemand wehtu. Wenn jemand von unserer Familie krank ist, kann man denen helfen, weil man eine Doktorin ist. Oder wenn ich eine Apothekerin wäre, und es wär meine Familie, dann kann man das umsonst geben, dann bezahl ich's. Das macht Spaß.

Gibt es was, was die Deutschen richtig gut können?
Deutsch sprechen. **Gibt es Dinge, die andere Länder besonders gut machen?** Türkei. Wenn die geübt haben, dann können die alles gut: Deutsch, Mathe und so. An Palästina finde ich nicht gut, wenn manche, die böse sind, kommen und alles kaputt machen.

Was gefällt dir am Kindsein?
Dass man lernt und dass man Freunde findet und mit Freunden spazieren geht, wenn es die Eltern erlauben. **Stört dich was am Kindsein?** Nein, eigentlich nicht, nur wenn meine Schwestern mich nerven.

Stell dir mal vor, du bist erwachsen. Beschreib, wie du bist.
Wenn ich groß bin, dann zieh ich ein Kopftuch an und geh manchmal auch in die Moschee und lerne da was. Ich geh spazieren mit meinen Freunden. Und wenn ich ein Kind hab, dann bring ich das irgendwo hin, wo es Spaß hat, zum Beispiel Tripsdrill. Ich mag Babys. Ich will auch ein Baby haben, die sind so süß. Ich fass jedes Baby an. Ich kann nicht anders.

Was ist dein allergrößter Wunsch?
Dass ich ins Paradies komme. Meine Mutter hat mir gesagt, dass es Stufen gibt, sieben Stufen, die siebte ist die beste. Und immer wenn man sich was wünscht und daran denkt, dann bekommt man das. Und wenn man einen Fehler gemacht hat, dann muss man das sagen. Wenn man einschläft oder Zeit hat, dann muss man ein Wort sagen. Aber ich weiß nicht, wie das auf deutsch heißt.

Wo siehst du die größten Probleme in der Welt?
Stau. Wenn man in die Ferien will und alle wegfahren wollen und wir auch, dann gibt es immer Stau. **Was kann man dagegen machen?** Warten.

Glaubst du an Gott?
Ja. Er hat 99 Namen. Der hat so viele Namen, ich kann mich nicht für einen entscheiden. **Wie stellst du ihn dir vor?** Ich weiß nicht, man sieht ihn gar nicht in der Welt, man sieht ihn erst, wenn man oben ist, und dann sieht man ihn, aber ich weiß nicht, wie ich ihn mir vorstelle.

Was war das Tollste, was dir je passiert ist?
Weiß nicht, alles ist schön. Wir sind einmal alle in'n Europa-Park gefahren und ins Legoland Deutschland, und das hat mir ganz viel Spaß gemacht. Da durften wir ganz viel spielen.

Wenn du Chef von Deutschland wärst, was würdest du machen, worum würdest du dich kümmern?
Wenn Leute kein Geld haben, dass ich denen dann was gebe, weil die Präsidentin ganz viel Geld hat. Dann würd ich den armen Leuten was geben.

MICHAEL, 9 JAHRE

Erzähl mal, was du so machst, wenn du mit den Hausaufgaben fertig bist.
Dann tu ich erst essen, dann spiel ich noch, dann treff ich mich manchmal mit 'nem Freund, dann geh ich oft Fahrrad fahren. Dann guck ich noch kurz fern.

Wieso sind Freunde wichtig im Leben?
Weil man da zusammenhält.

Wovor fürchtest du dich?
Wenn's dunkel ist.

Was kannst du richtig gut?
Handstand. Ich kann ganz lang oben bleiben. **Was würdest du gerne besser können oder an dir anders haben wollen?** Nichts.

Welchen Beruf kannst du dir für dich vorstellen?
Rennfahrer.

Gibt es was, was die Deutschen richtig gut können?
Fußball spielen. **Gibt es Dinge, die andere Länder besonders gut machen?**
Weiß nicht.

Was gefällt dir am Kindsein?
Dass man noch beweglich ist und Sport machen kann. **Was stört dich am Kindsein?** Dass mich Größere manchmal ärgern.

Stell dir mal vor, du bist erwachsen. Beschreib, wie du bist.
Ich weiß nicht.

Was ist dein allergrößter Wunsch?
Rennfahrer zu werden.

Wo siehst du die größten Probleme in der Welt?
Dass es so schlimme Leute gibt, die zum Beispiel töten oder so. **Was kann man dagegen tun?** Einfach mehr Strafen.

Glaubst du an Gott?
Ja. **Wie stellst du ihn dir vor?** Dass er einem hilft.

Was war das Tollste, was dir je passiert ist?
Ich weiß es nicht mehr.

Wenn du Chef von Deutschland wärst, was würdest du machen, worum würdest du dich kümmern?
Ich würd noch 'n Altersheim bauen. Es sind so viele alte Menschen hier.

TWIN STAR

1957

LEONIE, 8 JAHRE

Erzähl mal, was du so machst, wenn du mit den Hausaufgaben fertig bist.
Dann ruf ich manchmal 'ne Freundin an, um mit ihr zu spielen, und manchmal beschäftige ich mich auch selbst. Ich spiel Lego, Playmobil und im Garten ganz oft.

Wieso sind Freunde wichtig im Leben?
Weil man dann einen hat, mit dem man spielen kann.

Wovor fürchtest du dich?
Wenn ich alleine bin und wenn bei bei mir im Zimmer manchmal die Balken ein bisschen knarren. Ich hab dann Angst, es kommen Einbrecher. Also nicht schöne Sachen.

Was kannst du richtig gut?
Flöte spielen. Es hört sich gut an und ich mach auch wenig Fehler. **Was würdest du gerne besser können oder an dir anders haben wollen?** Besser Inliner fahren und besser Fahrrad fahren, weil man dann schneller ist.

Welchen Beruf kannst du dir für dich vorstellen?
Floristin oder Bäckerin, weil mir Backen Spaß macht und weil ich Blumen sehr gern mag.

Gibt es was, was die Deutschen richtig gut können?
Deutsch reden. **Gibt es Dinge, die andere Länder besonders gut machen?** Die Franzosen können sehr gut kochen.

Was gefällt dir am Kindsein?
Dass man nicht arbeiten muss und alles zahlen muss, zum Beispiel das Auto, und dass man auch viel mehr mit anderen spielen kann. **Was stört dich am Kindsein?** Dass man abends nicht so lang aufbleiben darf.

Stell dir mal vor, du bist erwachsen. Beschreib, wie du bist.
Ich hab ein Neubauhaus, 'ne Katze, einen Hasen und 'nen Hund. Ich hab zwei Kinder, einen Jungen und ein Mädchen, die ich Sarah und Tom nennen würde.

Was ist dein allergrößter Wunsch?
Nicht zu sterben, weil, wenn man nicht tot ist, kann man noch ganz viele Sachen machen, und wenn man tot ist, nicht.

Wo siehst du die größten Probleme in der Welt?
Dass man zu viel CO_2 verbraucht und dass so viel geraucht wird und so viel Tiere geschlachtet werden. **Was kann man dagegen tun?** Man könnte Vegetarier werden und nich' so viel Auto fahren und sich das Rauchen abgewöhnen, wenn man einfach keine Schachtel mehr kauft.

Glaubst du an Gott?
Nö.

Was war das Tollste, was dir je passiert ist?
Da gibt es mehrere Sachen: einmal als ich mich getraut hab vom Dreier zu springen und mein Geburtstag und Silvester.

Wenn du Chef von Deutschland wärst, was würdest du machen, worum würdest du dich kümmern?
Dass nicht mehr so viel CO_2 verbraucht wird.

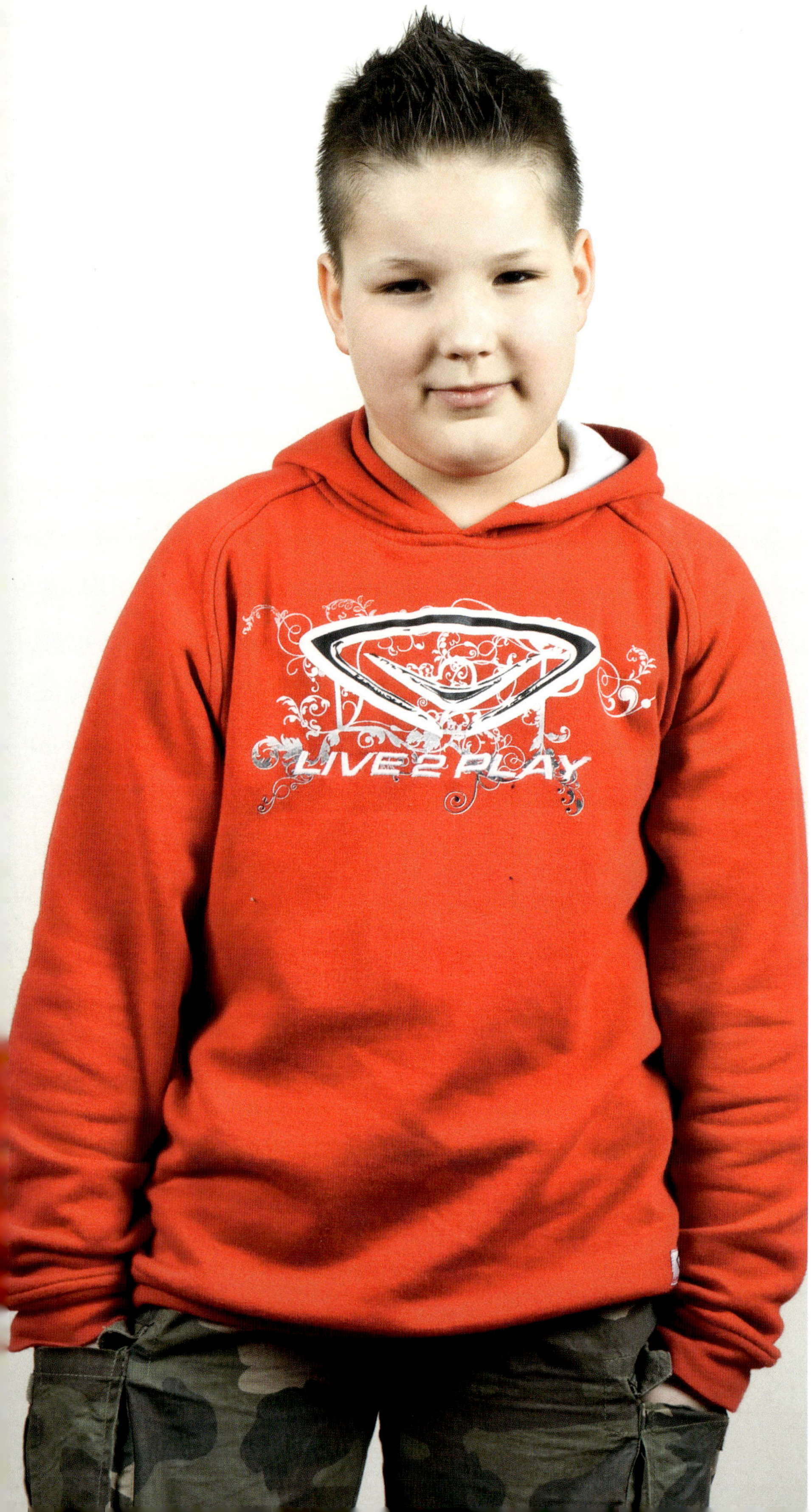

FABIAN, 8 JAHRE

Erzähl mal, was du so machst, wenn du mit den Hausaufgaben fertig bist.
Ich geh dann zu meiner Schwester, manchmal, und dann tu ich mit meiner Schwester ihrem Freund manchmal Console spielen oder weggehen, und abends geh ich dann schlafen gemütlich. Ich spiele gerne Fußball. Wir suchen nach einem Schwimmverein oder Basketballverein für mich.

Wieso sind Freunde wichtig im Leben?
Weil man sie hat, wenn man mal traurig ist und so, und mit ihnen kann man spielen und manchmal kann man auch bei ihnen übernachten und das macht dann Spaß, und manchmal helfen die bei den Spielen weiter, wenn man bei einem Spiel nicht weiterkommt und sie's wissen.

Wovor fürchtest du dich?
Ich fürchte mich ein bisschen vor Schlangen, weil die so giftig sind, die Zähne, und wenn die einen beißen, dann stirbt man meistens. In Deutschland gibt's gar keine, zum Glück.

Was kannst du richtig gut?
Malen, Basteln, Deutsch, Englisch. Ich kann gut Console spielen und ich kann gut helfen beim Putzen. **Was würdest du gerne besser können oder an dir anders haben wollen?**
Ja, dass ich 'n bisschen sportlicher wär und schneller rennen könnte und so. Ich hab auch in Sport 'ne schlechte Note.

Welchen Beruf kannst du dir für dich vorstellen?
Erstens: Ich würde gerne Mediamarkt-Chef werden, ich würde gern 'n eigenes McDonald's aufmachen oder 'n Burgerking oder Rettungsschwimmer oder so einer im Schwimmbad, Bademeister. Eigentlich mag ich ja sehr gern Tiere, Tierpfleger, aber da muss man den ganzen Tag arbeiten und kriegt nicht so viel Geld.

Gibt es was, was die Deutschen richtig gut können?
Ja, außer mir können die gut Fußball spielen. Sie können gutes Fleisch machen, die Bauern und die, wo das herstellen und schöne Artikel herstellen. **Gibt es Dinge, die andere Länder besser machen als die Deutschen?** Japan und Amerika. Die Japaner haben meine zwei Lieblingsautos hergestellt, Mazda, mein Lieblingsauto, und die machen so gute Filme. Und von Amerika das leckere Essen und die guten Sachen, was die herstellen und so.

Was gefällt dir am Kindsein?
Dass ich nicht so viel machen muss, dass ich einfach im Bett liegen kann und Fernseher gucken kann, dass man als Kind noch so Console spielen kann und so Zeug, dass man da noch mit so 'm kleinen Spielzeugwagen rumfahren kann und so. **Stört dich was am Kindsein?** Ja, dass ich nicht so lang wach bleiben darf und mich stört dran, dass ich auch Ärger krieg von meiner Mutter, dass ich nicht so bestimmen kann, so arg.

Stell dir mal vor, du bist erwachsen. Wie bist du, was machst du?
Ich will als Mann cool sein, 'ne nette Frau, 'ne hübsche, nett und hübsch, das ist das Beste, ja. Ich würde gern 'n eigenes Haus haben und einen Hund und die Rasse heißt »Golden Retriever«.

Was ist dein allergrößter Wunsch?
Gesundheit für meine Familie, dass es nie in Deutschland Krieg gibt, weil das ist schlimm, und dass ich 'n guten Beruf krieg.

Wo siehst du die größten Probleme in der Welt und warum?
Der Krieg, Streitereien unter den Menschen.

Was kann man dagegen tun?
Dass man nicht immer gleich … dass man vernünftig ist und das klären kann und so das ist gut.

Glaubst du an Gott?
Ja. **Wie stellst du ihn dir vor?** Groß, einen Vollbart, blaue Augen, ein weißes Hemd und eine weiße Hose und weiße Schuhe und 'ne spitze Nase und braune Haare.

Was war das Tollste, was dir je passiert ist?
Einmal, mein Geburtstag, da hab ich ganz viel gekriegt und an Ostern einmal. Und ich war immer in kleinen Parks, wo man Achterbahn fahren kann, ich war auch schon mal in 'nem großen, der war groß und der war billig und der war ganz arg schön.

Wenn du Chef von Deutschland wärst, was würdest du machen, worum würdest du dich kümmern?
Wenn ich der deutsche Boss wär, dann würd ich erstmal auf dem großen Acker, wo nichts ist, mehr Häuser bauen und mehr Schulen, aber in jeder Schule 'ne Turnhalle und 'n Schwimmbad und mehr Restaurants.

FELIX, 9 JAHRE

Erzähl mal, was du so machst, wenn du mit den Hausaufgaben fertig bist. Ich hole meinen Nachbar ab und dann fahren wir Fahrrad und so 'n Zeug. Ich spiele Schlagzeug, mach Handball und spiel Tennis.

Wieso sind Freunde wichtig im Leben? Dass sie für einen da sind.

Wovor fürchtest du dich? Weiß ich nicht.

Was kannst du richtig gut? Motzen, ich motze einfach gern. Mich nervt einfach alles. **Was würdest du gerne besser können oder an dir anders haben wollen?** Nichts.

Welchen Beruf kannst du dir für dich vorstellen? Kfz-Mechaniker, weil ich jetzt schon Autos repariere.

Gibt es was, was die Deutschen richtig gut können? Häuser renovieren, da sind die deutschen Bauarbeiter wirklich gut. **Gibt es Dinge, die andere Länder besser machen als die Deutschen?** Sardinien, die haben super Fischer.

Was gefällt dir am Kindsein? Die Freizeit, man hat viele Freunde.

Was stört dich am Kindsein? Nichts.

Stell dir mal vor, du bist erwachsen. Wie bist du, was machst du? Ich baue dann an meinem VW und ich würde viele Überstunden beim Autoreparieren machen, weil mir das Schrauben Spaß macht.

Was ist dein allergrößter Wunsch? Dass ich einen neuen Vergaser bekomme, weil mein Moped fährt nicht mehr.

Wo siehst du die größten Probleme in der Welt? Die Vogelgrippe und die Krankenhäuser, die so verschmutzt sind. **Was kann man dagegen tun?** Nichts.

Glaubst du an Gott? Ja. **Wie stellst du ihn dir vor?** Er ist groß und hat edle Kleider.

Was war das Tollste, was dir je passiert ist? Als ich zum ersten Mal mein Moped gesehen habe.

Wenn du Chef von Deutschland wärst, was würdest du machen, worum würdest du dich kümmern? Ich tät sagen, dass man die Tiere nicht so viel schlachtet.

MOGENS, 9 JAHRE

Erzähl mal, was du so machst, wenn du mit den Hausaufgaben fertig bist.
Skateboard fahren oder BMX oder mich mit meinem besten Freund Christoph treffen. Ich bin im Karate und bei den Pfadfindern.

Wieso sind Freunde wichtig im Leben?
Mit denen kann man spielen und man kann übernachten.

Wovor fürchtest du dich?
Vor Terroristen und Punker. Terroristen tun Flugzeuge in die Luft jagen.

Was kannst du richtig gut?
Skateboard fahren und BMX fahren. **Was würdest du gerne besser können oder an dir anders haben wollen?** Besser in der Schule sein. Nicht in Religion oder MeNuK, sondern in Deutsch und Mathe. Mathe braucht man immer im Leben und Deutsch auch.

Welchen Beruf kannst du dir für dich vorstellen?
Profiskateboarder. Wenn man so früh anfängt wie ich, dann kann man es eben gut. Man muss sich halt einen Sponsor suchen und gut fahren können.

Gibt es was, was die Deutschen richtig gut können?
Autos bauen. **Gibt es Dinge, die andere Länder besonders gut machen?** Amerika kann gute Skateboards bauen und die Schweiz kann gute Schokolade machen.

Was gefällt dir am Kindsein?
Dass man noch in die Schule geht. **Was stört dich am Kindsein?** Nichts.

Stell dir mal vor, du bist erwachsen. Beschreib, wie du bist.
Ich hab drei Kinder, bin Profiskateboarder und hab lange Haare. Ich wohn in Berlin.

Was ist Dein allergrößter Wunsch?
Profiskateboarder zu werden und auf 'ne andere Schule zu gehen.

Wo siehst du die größten Probleme in der Welt?
Krieg, da sterben viele Menschen.

Glaubst du an Gott?
Ja. **Wie stellst du ihn dir vor?** Groß.

Was war das Tollste, was dir je passiert ist?
Als ich mal 'ne Eins in der Schule hatte. Da war ich mal besser als sonst. Und als ich mal Flugzeug geflogen bin, nach Berlin.

Wenn du Chef von Deutschland wärst, was würdest du machen, worum würdest du dich kümmern?
Freier Eintritt in Schwimmbäder und Skaterhallen. Und die Obdachlosen sollten sich umsonst Klamotten kaufen können. Die sollen auch tolle Klamotten bekommen, wie wir.

CHIARA, 9 JAHRE

Erzähl mal, was du so machst, wenn du mit den Hausaufgaben fertig bist.
Dann gehe ich manchmal raus und spiele mit meinen Freundinnen. Meine Freundin, die Annika, die hat mal so 'n Stand gemacht mit Nüssen. Die Nüsse hat sie halbiert und das Innere rausgemacht, außen ein Gesicht drauf gezeichnet. Dann haben wir das gemacht, dass sie Süßigkeiten von uns kriegt, wenn wir mitspielen dürfen. Manchmal fahre ich Inliner oder Fahrrad. Donnerstags habe ich Waldspielgruppe und dann gehen wir in den Wald mit einer Kindergärtnerin. Freitags gehe ich ins Tanzen, da machen wir nur Sport. Samstags reite ich immer und sonntags gehe ich in die Kirche und habe jetzt bald Kommunion.

Wieso sind Freunde wichtig im Leben?
Die sind wichtig zum Spielen und dass man einfach jemanden hat, dem man auch alles sagen kann und der nichts verrät. Wenn man mit dem spielt und Streit hat, versöhnt man sich gleich wieder am nächsten Tag. Freunde sind einfach fürs Leben da!

Wovor fürchtest du dich?
Wenn ich im Bett liege, dass das Haus brennt oder dass Einbrecher kommen.

Was kannst du richtig gut?
Reiten. Das mache ich schon ein oder zwei Jahre und das macht mir einfach Spaß, und man kann das nur wirklich nur gut, wenn es einem auch Spaß macht. **Was würdest du gerne besser können oder an dir anders haben wollen?** Dass ich ein bisschen besser Jungs leiden kann – das hätte ich gern. Weil wir uns in der Pause immer streiten! Auch mit meinem Cousin, der ist in der Zweiten, mit dem streiten wir uns auch ganz oft. Wir sind sechs Enkelkinder, fünf Mädchen und ein Junge, und ich hätte gerne, dass wir uns ein bisschen besser mit ihm verstehen. Wenn ich mit einem Mädchen spiele, dann spiele ich auch mit ihm und dann gibt's auch keinen Streit. Dass wir sagen: »Du bist kein Mädchen, du darfst nicht mitspielen!«, so ist das bei uns nicht.

Welchen Beruf kannst du dir für dich vorstellen?
Lehrerin! Ich find's einfach toll, mit so vielen Kindern zusammmen zu arbeiten. Wir spielen auch in der Freizeit Lehrerin.

Gibt es was, was die Deutschen richtig gut können?
Handball. **Gibt es Dinge, die andere Länder besonders gut machen?** Italien, Fußball.

Was gefällt dir am Kindsein?
Da kann man machen, was man will. Man muss nicht kochen und waschen und so. **Was stört dich am Kindsein?** Dass man so früh ins Bett muss und dass man nicht bestimmen darf, was man macht. Man darf nicht so viel fernsehen, wie die Erwachsenen. Oder nicht ganz so viel, man darf nicht so lange wach bleiben.

Stell dir mal vor, du bist erwachsen. Wie bist du, was machst du?
Das kann ich gar nicht so schnell sagen, aber kochen. Falls ich Kinder habe, frage ich sie auch, was sie denn wollen, da darf sich jeder auch was wünschen, natürlich ich auch! Wäsche waschen, Wohnung schön einrichten. Arbeit suchen als Lehrerin.

Was ist dein allergrößter Wunsch?
Ein Pferd zu kriegen und Lehrerin werden. Ich reite so gerne, aber Nachteil ist auch, dass man sich drum sorgen muss. Also mein allergrößter Wunsch ist, ein Pflegepferd zu kriegen.

Wo siehst du die größten Probleme in der Welt?
Dass es so viel Einbrüche und Hausbrände gibt. Alle Erwachsenen und Mütter und Väter müssten ihre Kinder gut erziehen und nicht so schlecht erziehen, dass sie irgendwo einbrechen und so.

Glaubst du an Gott?
Ja. **Wie stellst du ihn dir vor?** Nett, der hilft den Menschen! Also eigentlich lieb.

Was war das Tollste, was dir je passiert ist?
Auf die Welt zu kommen! Das ist schön, sonst würde es mich ja jetzt gar nicht geben.

Wenn du Chef von Deutschland wärst, was würdest du machen, worum würdest du dich kümmern?
Oh oh! Auf jeden Fall, dass die Welt in Ordnung ist! Dass es genug gute Schulen gibt, dass es nicht so viele Arme

gibt. Dass die Pflanzen gut versorgt sind und so, dass man auf die Natur aufpasst. Ich würde nicht nur politische Sachen machen, sondern auch was für die Kinder, Erwachsenen und Jugendlichen.

TIMON, 8 JAHRE

Erzähl mal, was du so machst, wenn du mit den Hausaufgaben fertig bist. Wenn noch Zeit ist, versuch ich einen Freund anzurufen und dann kommt er zu mir oder ich geh zu ihm. Ich hab zuhause eine Burg, da bauen wir dann weiter. Und bei meinem Freund gehen wir dann immer raus, da ist gleich ein Spielplatz. Oder wir spielen auch manchmal, dass wir Menschen vom Film sind. Und ich spiel Schlagzeug.

Wieso sind Freunde wichtig im Leben? Dass man auch Spaß hat, es ist ja langweilig, wenn man immer nur alleine spielt. Die Erwachsenen müssen ja auch arbeiten und Geld verdienen und haben keine Zeit.

Wovor fürchtest du dich? Als ich noch sieben war, habe ich mich vor der Dunkelheit gefürchtet. Ich dachte immer, da wär jemand in meinem Zimmer. Aber jetzt ist es besser geworden.

Was kannst du richtig gut? Rennen kann ich ganz schnell, und bei »Mensch ärger dich nicht« gewinn ich auch meistens, das ist eines meiner Lieblingsspiele. **Was würdest du gerne besser können oder an dir anders haben wollen?** Ich spiel ja Schlagzeug und da hab ich meistens vergessen zu üben. Aber jetzt üb ich wieder mehr und dann geht es flüssiger.

Welchen Beruf kannst du dir für dich vorstellen? Ich würd Bauarbeiter werden, wie mein Papa. Da gibt es spannende Sachen und man kann Häuser bauen oder renovieren. Das finde ich interessant, wie man die Wände verputzt und so. Und ich darf auch schon bei meinem Papa auf dem Schoß den Bagger lenken. Das find ich ganz gut.

Gibt es was, was die Deutschen richtig gut können?
Ich gucke auch viel Fußball. Die können halt ziemlich gut Fußball spielen, find ich. **Gibt es Dinge, die andere Länder besonders gut machen?**
In Italien waren die, glaub ich, schon sechsmal Weltmeister, und das ist ziemlich gut.

Was gefällt dir am Kindsein?
Als Kind, da kann man noch mehr spielen und hat man noch mehr Zeit seine Freund und für sich selbst. Als Erwachsener muss man ganz viel arbeiten und hat gar keine Zeit, sich mal mit jemand zu treffen, außer abends. **Stört dich was am Kindsein?** In meinem Zimmer stehen viele Sachen ganz oben und da muss ich immer meine Eltern holen, dass die mir was runterholen und die müssen dann ihre Arbeit unterbrechen. Und das ist ja nicht so gut, wenn sie telefonieren oder so.

Stell dir mal vor, du bist erwachsen. Wie bist du, was machst du?
Als Erwachsener hätte ich gar keine Zeit für meine Kinder und das fände ich schade, ich würde ja gerne mit meinen Kindern was spielen, ein Familienspiel oder so. Wenn man 'ne schwierige Arbeit hat, dann hat man aber nicht so viel Zeit. Wenn man 'ne Arbeit hat, die nicht so schwierig ist, dann könnte man auch mal ein paar Pausen machen.

Was ist dein allergrößter Wunsch?
Mein Papa und meine Mama haben sich ja getrennt. Und ich wünsche mir, dass sie wieder zusammenkommen, aber das geht nicht so einfach. Eigentlich kann man da gar nichts mehr machen, wenn die das nicht wollen, geht gar nichts.

Wo siehst du die größten Probleme in der Welt und warum?
Ein Problem ist halt, der Papa hat eine neue Freundin und die Mama hat einen neuen Freund. Und der Papa mag halt nicht den neuen Freund von der Mama und dann sprechen die nicht gut über den anderen und das ist für mich ein Problem und da muss ich auch meistens weinen. Das finde ich schade, dass die da drüber reden, und das verletzt mich auch. Und die sprechen mich immer an, anstatt selber zu sprechen, und das finde ich halt auch doof. Ich habe es schon gesagt, aber es passiert halt immer wieder.

Glaubst du an Gott?
Hmm, so mittel eigentlich. Ich weiß nicht so genau, ob's den gibt oder nicht. Ich bin mir halt nicht sicher. **Wie stellst du ihn dir vor?** Ich würd ihn mir so vorstellen, dass er aus Luft ist und wie Luft rumschwebt und dass es ganz weiße Luft ist. Also man kann ihn schon sehen.

Was war das Tollste, was dir je passiert ist?
Ich war mal mit 'ner Freundin von mir und mit 'nem Freund von meiner Mama und meinem Papa auf seinem Boot, und da durften wir auf einem ganz großen See fahren und ich durfte vorne sitzen und auch mal lenken. Da haben wir uns eine Insel ausgesucht und haben da gestrandet.

Wenn du Chef von Deutschland wärst, was würdest du machen, worum würdest du dich kümmern?
Ich würde mich da drum kümmern, dass man gute Sachen tut und füreinander sorgt und dass man nicht stiehlt. Manche stehlen auch von welchen, die arm sind, und die haben dann fast gar nichts mehr, und viele verhungern ja auch. Und da würde ich mich drum kümmern, dass niemand was klauen würde und alle gerecht wären.

BIANCA, 8 JAHRE

Erzähl mal, was du so machst, wenn du mit den Hausaufgaben fertig bist.
Ich bin im Hort. Da geh ich Trampolin hüpfen. Früher habe ich immer gebastelt, aber jetzt kommt die Zeit für das Trampolin. Ich will Bewegung. Wenn ich zuhause bin, frag ich manchmal, ob ich mit meiner Freundin raus darf.

Wieso sind Freunde wichtig im Leben?
Ohne Freunde fühlt man sich bestimmt einsam. Man braucht immer jemanden im Leben.

Wovor fürchtest du dich?
Manchmal habe ich Angst, wenn ich alleine bin im Zimmer. Und wenn ich manchmal einen Film gesehen habe, dann denke ich: Oh wei, mir geht's schlecht.

Was kannst du richtig gut?
Also basteln, ja, basteln kann ich gut. Ich hab viele Ideen. Und Seil springen. Ich kann vieles. **Was würdest du gerne besser können oder an dir anders haben wollen?** In der Schule wäre ich gerne besser.

Welchen Beruf kannst du dir für dich vorstellen?
Eigentlich wollte ich mal Modedesignerin werden. Als Modedesignerin müsste ich halt aufs Gymnasium gehen und dafür bräuchte ich bessere Noten, auch mal 'ne Eins. Ich versuch, mich zu bessern.

Gibt es was, was die Deutschen richtig gut können?
Fußball. **Gibt es Dinge, die andere Länder besonders gut machen?** Die Italiener spielen auch gut und können Pizza machen.

Was gefällt dir am Kindsein?
Die Erwachsenen haben es so schwer mit den Steuern. Das habe ich von meinem Vater erfahren. Als Kind fühlt man sich jung. Man kann herumspringen, man fühlt sich fit. **Was stört dich am Kindsein?** Wenn man mal was spielen will, dann sagen die Erwachsenen, dass man ins Bett muss. Ich würde schon gerne mal länger aufbleiben. Aber sie haben schon recht – Kinder müssen schlafen. Und was ich auch nicht gut finde: Räuber trauen sich immer, Kinder zu klauen. Davor hab ich auch ein bisschen Angst.

Stell dir mal vor, du bist erwachsen. Beschreib, wie du bist.
Dann würd ich früh am Morgen aufstehen, mein Kind wecken, in die Schule begleiten. Dann geh ich in meine Richtung und arbeite als Modedesignerin. Dann hol ich mein Kind wieder ab, wenn die Schule vorbei ist, und fahr mit ihm nach Hause. Ich unternehm auch manchmal was. Und abends schau ich ein bisschen fern, les noch was und geh ins Bett.

Was ist dein allergrößter Wunsch?
Modedesignerin werden, Kleidung entwerfen, einen eigenen Laden haben. Das wollt ich immer schon.

Wo siehst du die größten Probleme in der Welt?
In der Welt? Naja, das betrifft am meisten Afrika, weil die haben ja sehr wenig Geld. Ich finde es schade, dass sie in Afrika so leiden müssen. Aber die Leute spenden, und das finde ich gut. Aber es steht nicht so gut für Afrika. **Was kann man dagegen tun?** Man könnte ja Kinder adoptieren. Und was ich auch ganz schlimm finde, dass Leute immer Kinder klauen und belästigen. Man muss die Leute zur Vernunft bringen und man sollte nachdenken: »Warum machen die das eigentlich?« Dass man mit denen mal redet, damit es nicht mehr so viele gibt.

Glaubst du an Gott?
Ja. **Wie stellst du ihn dir vor?** Ich denke mal, dass er immer alles gut meint, auch wenn mal ein Tier stirbt.

Was war das Tollste, was dir je passiert ist?
Och, da gibt's vieles, aber das Allertollste ist, dass ich so viele Freundinnen kennengelernt habe. Also ich bin glücklich mit meinem Leben, echt!

Wenn du Chef von Deutschland wärst, was würdest du machen, worum würdest du dich kümmern?
Ich würde die Kinder von Afrika hierher holen. Einen Zug schicken, dass sie herkommen können. Ich würde denen Geld geben und dass sie sich einen Job suchen können, dass sie hier ruhig leben können. Und die Leute, die Kinder klauen, denen würde ich 'ne Auszeit geben. Die müssten in einem Haus bleiben. Nicht hinter Gitter, aber auch ein bisschen Bewachung. Und dass man die fragt, wie war deren Kindheit eigentlich, und dass man die glücklich macht, weil nur deshalb machen die das.

s.Oliver
www.s.oliver.de

FUN
2004
KING OF FLY
176

HAKKI, 8 JAHRE

Erzähl mal, was du so machst, wenn du mit den Hausaufgaben fertig bist.
Manchmal guck ich fern. Wenn ich Hausaufgaben hab, dann mach ich sie. Freitags geh ich früher nach Haus und ruh mich aus. Um fünf Uhr haben wir Fußballtraining. Am Wochenende geh ich mit meinen Eltern spazieren und mach Besuche.

Wieso sind Freunde wichtig im Leben?
Weiß auch nicht … zum Spielen.

Wovor fürchtest du dich?
Vor Monster oder vor 'nem Unfall, vor einem Riese und vor meinem kleinen Bruder, der hat schon mal mir 'n blaues Auge gehauen.

Was kannst du richtig gut?
Mathe. **Gibt es etwas, das du gerne besser können würdest oder an dir anders haben wolltest?** Sport hätte ich lieber 'ne Eins statt Eins bis Zwei, in MeNuK 'ne Eins und in BK auch 'ne Eins.

Welchen Beruf kannst du dir für dich vorstellen?
Architekt oder Künstler, die wo draußen malen, Impressionist halt. Ich kann schon gut malen.

Gibt es was, was die Deutschen richtig gut können?
Weiß nicht. **Gibt es Dinge, die andere Länder besonders gut können?** Amerika. Autos, so Porsche und so weiter. Amerika hat's erfunden.

Was gefällt dir am Kindsein?
Fußball zu spielen und in die Schule zu gehn. **Stört dich was am Kindsein?** Nö.

Stell dir mal vor, du bist erwachsen. Beschreib, wie du bist.
Dann muss ich alles machen, zum Beispiel Wäsche, putzen, arbeiten gehn, die ganze Zeit.

Was ist dein allergrößter Wunsch?
Dass jeder Frieden in der Welt hat.

Wo siehst du die größten Probleme in der Welt und warum?
Krieg, zum Beispiel die Atombomben. **Was können wir dagegen tun?** Die hören nicht auf.

Glaubst du an Gott?
Ja. **Wie stellst du ihn dir vor?** Weiß nicht.

Was war das Tollste, was dir je passiert ist?
Wurst gegessen. Die erste Wurst wo ich gegessen habe, das war 2005. Das war cool.

Wenn du Chef von Deutschland wärst, was würdest du machen, worum würdest du dich kümmern?
Keine Ahnung. Um die Räuber. Der Polizei sagen, dass die ins Gefängnis kommen.

ILKNUR, 10 JAHRE

Erzähl mal, was du so machst, wenn du von der Schule nach Hause kommst.
Ich esse mein Essen, les ein bisschen und spiel mit meinen Geschwistern.

Wieso sind Freunde wichtig im Leben?
Weil die uns helfen können.

Wovor fürchtest du dich?
Vor gar nichts.

Was kannst du richtig gut?
Ich kann gut Sport, Mathe und Deutsch. **Was würdest du gerne besser können oder an dir anders haben wollen?** Sport noch besser. Sport mag ich.

Welchen Beruf kannst du dir für dich vorstellen?
Sportlehrerin zu sein. Ich mag es, mit den Kindern zu lernen.

Gibt es was, was die Deutschen richtig gut können?
Nee. **Gibt es Dinge, die andere Länder besonders gut können?** Zum Beispiel Türkei. Dort sind die Leute gut zu den Kindern und schimpfen nicht so viel. Und wenn die Kinder was gut wissen, dann freuen sie sich, und wenn sie was nicht wissen, dann lernen sie mit ihnen ganz viel.

Was gefällt dir am Kindsein?
Man muss nicht putzen und nicht mit den Kindern schimpfen. **Stört dich was am Kindsein?** Wenn meine Freundinnen nicht mit mir spielen.

Stell dir mal vor, du bist erwachsen. Beschreib, wie du bist.
Wenn ich ein Kind habe, lern ich viel mit dem.

Was ist dein allergrößter Wunsch?
Lehrerin zu sein, weil es mir Spaß macht.

Wo siehst du die größten Probleme in der Welt und warum?
Du kaufst ein Haus und kannst das Geld nicht bezahlen. Das sind Probleme. **Was kann man dagegen machen?** Man muss das Geld erst sparen.

Glaubst du an Gott?
Ja. **Wie stellst du ihn dir vor?** Der ist so lieb. Wenn ich einen Test schreibe, dann sage ich: »Gott, helf mir bitte.« Und dann hilft er mir und das gefällt mir.

Was war das Tollste, was dir je passiert ist?
Als ich an einem Tag nicht mit meiner Mutter, meinem Vater und meinen Geschwistern gestritten habe.

Wenn du Chef von Deutschland wärst, was würdest du machen, worum würdest du dich kümmern?
Die Polizisten sollen auf die Mörder aufpassen. Und die Lehrerinnen sollen nicht mit den Kindern schimpfen und leise mit ihnen sprechen.

SOPHIE, 8 JAHRE

Erzähl mal, was du so machst, wenn du mit den Hausaufgaben fertig bist.
Manchmal spiel ich noch auf dem Spielplatz beim Kiosk. Zuhause guck ich vielleicht mit meinem Bruder ein bisschen fern oder üb Flöte. Oder ich treff meine Freundinnen, dann fahren wir Einrad oder mit dem Skateboard den Berg runter.

Wieso sind Freunde wichtig im Leben?
Wenn man rausgeht, hat man jemand zum Spielen und hat halt mehr Spaß.

Wovor fürchtest du dich?
Vor Dunkelheit und ... Ich weiß nicht, wie ich es sagen soll: Meine Mama hat eine Freundin, die kann Gespenster sehen, die in unserer Wohnung sind. Die schließt dann die Augen und da hat sie in unserem Kinderzimmer Kinder gesehen, die haben mit meinem Spielzeug gespielt. Das ist nur die Seele, die können noch nicht weg. Aber jetzt sind sie weg und ich kann wieder schlafen.

Was kannst du richtig gut?
Sport, Einrad fahren, Schlittschuh fahren. Dann kann ich gut schwimmen und tanzen. Ich bin im Verein.
Was würdest du gerne besser können oder an dir anders haben wollen?
Spagat würd ich gern können, weil alle meine Freundinnen in der Tanzgarde können es voll gut. Und ich möchte ein bisschen besser tanzen.

Welchen Beruf kannst du dir für dich vorstellen?
Bademeisterin. Wenn jemand Hilfe braucht und fast ertrinkt, dann will ich die retten.

Gibt es was, was die Deutschen richtig gut können?
Manchmal seh ich alte Menschen, die tun die Straße sauber machen und heben Müll auf. Das find ich gut. Die tun die Stadt sauber halten. **Gibt es Dinge, die andere Länder besonders gut machen?** Nö.

Was gefällt dir am Kindsein?
Dass man spielen, dass man Geburtstag hat mit Freunden, dass man ins Schwimmbad gehen kann. **Stört dich was am Kindsein?** Dass meine Mama mit mir schimpft. Und ich mag das nicht, wenn ich alleine bin mit meinem Bruder. Eine Nachbarin passt auf uns auf, aber ich möchte ein Kindermädchen haben.

Stell dir mal vor, du bist erwachsen. Beschreib, wie du bist.
Ich hab mir schon immer gewünscht, dass ich ein Kind bekomme, Zwillinge. Dass ich einen Freund hab und mit meinen Kindern gut zurechtkomme. Ich mag kleine Kinder sehr arg.

Was ist dein allergrößter Wunsch?
Der ist schon in Erfüllung gegangen: In drei Wochen machen wir eine Bootstour, auf einem Hausboot mit meinem Stiefvater und meinen Halbgeschwister.

Wo siehst du die größten Probleme in der Welt?
Die Probleme sind manche Kinder. In der Schule nerven sie mich mit meinem Nachnamen. Da machen sich alle lustig und das mag ich nicht. Und ich will bessere Noten bekommen.

Glaubst du an Gott?
Ja. **Wie stellst du ihn dir vor?** Nett.

Was war das Tollste, was dir je passiert ist?
Dass ich meinen Vater kennengelernt habe vor zwei Jahren. Das war schön. Ich hab ihn erst mit seinem Vornamen angesprochen. Ich hab ihn gleich erkannt. Meine Mama hat gesagt, ich hab noch 'ne Halbschwester, aber das war gar keine Schwester, sondern ein Bruder.

Wenn du Chef von Deutschland wärst, was würdest du machen, worum würdest du dich kümmern?
Oha! Große Villen kaufen und dass die armen Menschen Geld haben, eine Wohnung, Familie, Kinder. Wenn jemand mal Hilfe braucht oder kein Geld hat, würd ich ihnen Geld geben.

VERA, 9 JAHRE

Erzähl mal, was du so machst, wenn du mit den Hausaufgaben fertig bist.
Ich üb Cello, lese und sonst habe ich eigentlich nichts zu tun. Mit Freundinnen spiele ich eigentlich nur am Wochenende oder in den Ferien, weil ich während der Schulzeit gar keine Zeit habe, Mama hat so viel Arbeit. Eigentlich will ich ins Handball, aber ich bin schon zu alt dafür: man sollte mit sieben Jahren anfangen und ich bin ja schon neun.

Wieso sind Freunde wichtig im Leben?
Die können einen trösten und unterstützen. Wenn einer mal hingefallen ist oder eine schlechte Note hat. Und Freunde sind ganz wichtig, weil sonst wäre man ja ganz alleine und hätte nur die Familie.

Wovor fürchtest du dich?
Ich hab mal ein Buch »Gefährliche Tiere« hier ausgeliehen und da war der dickste Skorpion drin. Der kann einen Menschen in einer Stunde töten, uah. Ich hab auch mal einen Film gesehen, da war so 'n Skorpion drin und da habe ich auch alles erfahren.

Was kannst du richtig gut?
Also Cello spielen kann ich schon richtig gute Stücke, und bald habe ich ein Konzert in der Musikschule. Ansonsten, hm, was kann ich richtig gut? Malen kann ich gut und Geschichten schreiben, Kopfrechnen, und ich kann ganz gut Fahrrad fahren. Ich würde so gerne Einrad fahren, aber das geht so schwer! Und ich kann gut essen! Nur manchmal habe ich einfach keinen Hunger; ich habe nämlich eine Lebensmittelallergie: gegen Milch, gegen Getreidesorten, so Weizen und alles Mögliche. Dann noch gegen Pappbecher, dann alle Milchprodukte, ich muss Sojamilch oder Reismilch trinken. **Was würdest du gerne besser können oder an dir anders haben wollen?** Mathe-Textaufgaben! Manche kapier ich nicht und dann sitze ich manchmal eine halbe Stunde dran und da muss ich irgendjemand fragen. Ja also, da kann man Freunde gebrauchen.

Welchen Beruf kannst du dir für dich vorstellen?
Oh je, das sind ganz viele! Also Tierpflegerin, das wäre ein ganz großer Traum. Dann wär ich auch noch gerne Opernsängerin, weil unsere Chorleiterin kann ganz toll singen! Ich liebe Gesänge und habe jetzt gemerkt, wie viel Singen für mich bedeutet! Ich bin noch nicht so lange an dieser Schule. Vorher hatte ich keinen Chor. Dann wäre ich gerne noch Schauspielerin, das wär auch schön. Schauspielerin reizt mich, weil man da richtig schauspielern kann und seine Gefühle zeigen.

Gibt es was, was die Deutschen richtig gut können?
Hm. Da muss ich erstmal überlegen! Hm. Nee, eigentlich nicht.
Gibt es Dinge, die andere Länder besonders gut machen? Also ich kenne ein Land, da machen die etwas besonders schlecht: In China müssen die Kinder die Raketen, also die Silvesterknaller, machen. Da kann es dann passieren, dass die explodieren und dann sind deren Hände weg.

Was gefällt dir am Kindsein?
Dass man in die Schule gehen kann. Also in die Schule gehe ich gern. Auch die Hausaufgaben. Da brauch ich zwar Unterstützung, aber nur manchmal.
Dass man richtig gute Freunde hat. Dass man andere Sachen machen kann. Also, wenn man erwachsen ist, kann man bestimmte Sachen nicht mehr machen. Als Kind gefällt mir auch, dass man mal was basteln kann, oder wenn man Verstecken spielt, da passt man in unterschiedliche Verstecke.

VERA, 9 JAHRE

Was stört dich am Kindsein? Wenn ich jetzt jugendlich wär und ich auf einem Gymnasium wäre, würden ganz ganz viele rauchen. Das wäre natürlich ganz blöd.

Stell dir mal vor, du bist erwachsen. Beschreib, wie du bist.
Wenn ich Kinder hätte, dann müsste ich für die sorgen und wenn ich dann noch einen Job hätte, wäre das natürlich anstrengend! Wenn ich erwachsen wär, dann könnte ich ganz ganz viele Sachen nicht mehr machen. Und wenn ich Kinder hätte, dann könnte ich keinen Sport machen, weil ich mich dann immer um die Kinder sorgen müsste. Und wenn ich kleine Kinder hätte, dann müsste ich mit denen spielen und dann Essen kochen und das alles. Also das ist schon anstrengend. Kindsein ist da viel besser. Obwohl, da muss man auch arbeiten als Kind, man muss die Eltern auch unterstützen im Haushalt! Aber sonst hat man ja immer am Wochenende frei und da kann man auch etwas mit Freunden unternehmen. Also Kindsein finde ich besser, aber irgendwann muss man erwachsen werden!

Was ist dein allergrößter Wunsch?
Sängerin werden, vielleicht ganz viele Tiere haben, na ja, dann muss ich mich ja auch um die kümmern! Mein allergrößter Wunsch wäre, Drogen und Rauchen, also Zigaretten und das alles, abschaffen. Und es wäre schöner, wenn man keine Autos hätte, dann würde es keine Weltverschmutzung geben! Aber Autos sind auch sehr praktisch manchmal, zum Beispiel wir müssen ja immer in die Schule fahren, meine Mama und ich.

Wo siehst du die größten Probleme in der Welt?
Also mich beschäftigt das Thema Drogen und Zigaretten sehr! Ich finde das so doof. Wer das um Himmels willen erfunden hat, der tickt nicht mehr richtig! Das könnte man jetzt so ausdrücken: das ist einfach verrückt! Dann wollen alle alles ausprobieren und dann werden sie süchtig. Das ist wirklich blöd.

Glaubst du an Gott? Ja. Auf jeden Fall! **Wie stellst du ihn dir vor?** Ich denke, Gott hat gar keine Gestalt! In manchen Kirchen wird er ja als goldenes Dreieck dargestellt mit einem Auge drin. Aber ich glaube nicht, dass er so aussieht! Gott hat keine Gestalt! In Religion haben wir die Frage gestellt: »Was für eine Gestalt hat Gott?« Und dann haben wir die Fragen aufgeschrieben und ich habe geschrieben: »Gott hat keine Gestalt, Gott ist in allem!« Ja.

Was war das Tollste, was dir je passiert ist?
Also ich nehme an, dass ich jetzt in diese Schule gekommen bin! Weil, in meiner alten Schule haben mich ganz viele Jungen gehänselt; alle waren immer ganz gemein zu mir.

Wenn du Chef von Deutschland wärst, was würdest du machen, worum würdest du dich kümmern?
In Deutschland gibt's vielleicht Multimillionäre – da würde ich denen etwas abnehmen, für die Armen, zum Beispiel Straßenkinder, die tun mir immer so leid! Und Bettler. Aber es gibt ja auch schauspielende Bettler, die tun einfach so, als wenn sie Bettler wären, und sind es nicht. Aber richtige Straßenkinder und richtige Bettler, denen würde ich wirklich Geld abgeben. Also für mich bedeuten arme Menschen viel. Die sind so arm dran und dann vergleiche ich das dann mit mir und dann ist das so anders. Ich will, dass die armen Menschen genauso leben wie wir!

WAS WAR DAS TOLLSTE, WAS DIR JE PASSIERT IST?

Das Tollste war an Weihnachten, als wir den Weihnachtsbaum bekommen haben und ich den Stern drauf machen durfte. Das war das Tollste.
Anas, 9 Jahre

Einmal hatte mein Opa Krebs und ist so krank geworden, dass wir dachten, er stirbt. Und danach ist er auf einmal ganz gesund geworden am nächsten Tag. Das hat mich sehr gefreut, aber sehr.
Eda, 9 Jahre

Dass ich auf die Welt gekommen bin.
Marei, 8 Jahre

Dass ich beim Diktat 'ne Eins geschrieben hab.
Aaron, 8 Jahre

Dass ich in Mallorca war.
Anja, 9 Jahre

Schlittschuh zu laufen und mal richtige Pferde zu sehen. Ich find schon sehr viele Erlebnisse schön. Ah! Was ich superschön finde: dass ich auf der Welt bin, dass ich geboren bin, dass ich eine Mutter habe. Und dass ich endlich wieder ein eigenes Zimmer habe. Früher hatte ich mit meinem Bruder ein Zimmer. Da mussten wir uns für eine Zimmerfarbe entscheiden. Das war riesig schwer! Ich wollte pink haben, er wollte schwarz. Da haben wir uns für eine Tigerententapete entschieden, da waren wir noch ganz klein.
Luisa, 8 Jahre

Dass ich ein Tier endlich gekriegt hab, 'n Hasen, der is' jetzt aber schon gestorben. Und dass ich am ersten Schultag Freunde kennengelernt hab, fand ich toll und dass ich 'ne tolle Lehrerin gekriegt hab.
Laura, 8 Jahre

Hmm, 's gibt viele Dinge. Es war toll auf dem Schiff, als es so geschaukelt hat. Und als mein Opa ganz schnell gefahren ist mit seinem Jeep in den Bergen. Er hat ein Haus im Elsass und da sind Schafe und ganz viele Tiere.
Eric, 8 Jahre

Als ich erfahren habe, dass ich im Ballett die Beste bin. Das fand meine Mama auch. Dann habe ich auch noch ein gutes Diktat geschrieben und am selben Tag habe ich erfahren, dass ich die beste im Ballett bin, da hat sie mir Haargummis fürs Ballett geschenkt.
Anna, 8 Jahre

Dass wir im Urlaub waren, da waren wir wo ganz Tolles und das hat mir ganz gut gefallen. Da war so ein Haus mit Bällebad und was zum Klettern.
Cem, 8 Jahre

Dass ich überhaupt auf die Welt gekommen bin.
Dieter, 8 Jahre

Beim Zeugnis mal 20 Euro. Da hab ich mir ein Spielzeug gekauft.
Jonas, 8 Jahre

Dass ich jetzt Zirkus hab, da kann ich immer vorführen.
Diogo, 10 Jahre

Ich weiß grad nichts.
Julia, 9 Jahre

Weihnachten! Da hat sich mein zweiter Wunsch erfüllt und heute auch. Da habe ich ein Spiel bekommen und heute bekomme ich auch noch ein Spiel.
Anna, 8 Jahre

Als ich meinen Kater bekommen hab. Das war immer mein allergrößter Wunsch. Ich konnt das erst gar nicht glauben, weil wir wohnen im Reihenhaus, also im gemieteten. Das hätt ich mir nie vorgestellt. Ich durft ihn mir dann im Tierheim selber aussuchen. Er war auf der Krankenstation.
Marvin, 9 Jahre

An Weihnachten, an jedem Weihnachten bis jetzt, da hat mein Papa immer frei gehabt und da haben wir immer zusammen Geschenke ausgepackt und manchmal tut der Papa auch meine Geschenke auspacken, wenn ich nicht mehr will.
Ann-Kathrin, 9 Jahre

Als wir nach Amerika geflogen sind. Weil sich ja nicht jede Familie leisten kann, in den Sommerferien nach Amerika zu fliegen. Mir hat gefallen, dass alle Leute nett waren und dass es warm war.
Ben, 8 Jahre

Als ich zum Beispiel zum Geburtstag 'n ganzen Karton voll Lego gekriegt hab. Und mein Bruder hat nicht so viel gekriegt.
David, 9 Jahre

WAS WAR DAS TOLLSTE, WAS DIR JE PASSIERT IST?

In der Schweiz war es schön, da durften wir jeden Tag raus.
Özge, 10 Jahre

Keine Ahnung. Ich find alles toll … Als ich mal mit meinem Papa auf 'nem Boot gesteuert hab. Das war toll.
Tim, 8 Jahre

Das Tollste war, als ich getaucht bin, hab ich einen giftigen Fisch gesehen, der hatte hinten 'n Stachel.
Tarik, 9 Jahre

Das Tollste ist Lachen. Ich finde fast alles witzig, darum lach ich immer sehr viel und gerne.
Riccardo, 8 Jahre

In der Türkei ins Meer zu springen oder Jet-Ski fahren.
Doguhan, 9 Jahre

Weiß nicht mehr.
Ekin, 8 Jahre

Weiß nicht, alles ist schön. Wir sind einmal alle in 'n Europa-Park gefahren und ins Legoland Deutschland, und das hat mir ganz viel Spaß gemacht. Da durften wir ganz viel spielen.
Shaza, 8 Jahre

Ich weiß es nicht mehr.
Michael, 9 Jahre

Also ich nehme an, dass ich jetzt in diese Schule gekommen bin! Weil, in meiner alten Schule haben mich ganz viele Jungen gehänselt; alle waren immer ganz gemein zu mir.
Vera, 9 Jahre

Da gibt es mehrere Sachen: einmal als ich mich getraut hab, vom Dreier zu springen und mein Geburtstag und Silvester.
Leonie, 8 Jahre

Einmal, mein Geburtstag, da hab ich ganz viel gekriegt und an Ostern einmal. Und ich war immer in kleinen Parks, wo man Achterbahn fahren kann, ich war auch schon mal in 'nem großen, der war groß und der war billig und der war ganz arg schön.
Fabian, 8 Jahre

Als ich zum ersten Mal mein Moped gesehen habe.
Felix, 9 Jahre

Als ich mal 'ne Eins in der Schule hatte. Da war ich mal besser als sonst. Und als ich mal Flugzeug geflogen bin, nach Berlin.
Mogens, 9 Jahre

Auf die Welt zu kommen! Das ist schön, sonst würde es mich ja jetzt gar nicht geben.
Chiara, 9 Jahre

Ich war mal mit 'ner Freundin von mir und mit 'nem Freund von meiner Mama und meinem Papa auf seinem Boot und da durften wir auf einem ganz großen See fahren und ich durfte vorne sitzen und auch mal lenken. Da haben wir uns eine Insel ausgesucht und haben da gestrandet.
Timon, 8 Jahre

Och, da gibt's vieles, aber das Allertollste ist, dass ich so viele Freundinnen kennengelernt habe. Also ich bin glücklich mit meinem Leben, echt!
Bianca, 8 Jahre

Der Rummelplatz! Am besten fand ich das Geisterhaus. Und ich fand Zuckerwatte gut, obwohl ich sie nur einmal probiert habe.
Haris, 8 Jahre

Wurst gegessen. Die erste Wurst wo ich gegessen habe, das war 2005. Das war cool.
Hakki, 8 Jahre

Als ich an einem Tag nicht mit meiner Mutter, meinem Vater und meinen Geschwistern gestritten habe.
Ilknur, 10 Jahre

Dass ich meinen Vater kennengelernt habe vor zwei Jahren. Das war schön. Ich hab ihn erst mit seinem Vornamen angesprochen. Ich hab ihn gleich erkannt. Meine Mama hat gesagt, ich hab noch 'ne Halbschwester, aber das war gar keine Schwester, sondern ein Bruder.
Sophie, 8 Jahre

Da gibt's viel. *Paolo, 9 Jahre*

Das Tollste ist, dass ich so liebe Eltern habe.
Isabella, 8 Jahre

Dass wir in den Ferien nach Istanbul gefahren sind, in die Stadt. Da gibt's so ein Wasser, da sind so viele Schiffe, wir sind damit gefahren und haben auf dem Schiff was gegessen. Dann haben wir noch über die Brücke geguckt und wir sind mit dem Auto über

die Brücke gefahren, da haben wir nochmal die Schiffe gesehn, da waren so viele Boote und ein riesengroßes Schiff.
Betül, 9 Jahre

Das Tollste! Oh! Dass ich an dieser Schule bin, weil alle meine Freunde sind hierher gekommen. Und den Rektor find ich auch nett. Und es ist ein Glück, dass wir jetzt Zirkus haben.
Janika, 8 Jahre

Als ich ein Fahrrad bekommen habe und sie bei uns einen Spielplatz gemacht haben. Und dass ich immer glücklich bin.
Ugur, 9 Jahre

Dass wir mit meiner ganzen Familie, Tanten und Onkels mal ins Schwimmbad gegangen sind. Das hat voll viel Spaß gemacht.
Zehra, 9 Jahre

Das ist immer wenn ich mit der ganzen Familie zusammensitze, zum Beispiel an Weihnachten, jemand liest was vor, das zur Stimmung passt.
Joelle, 9 Jahre

Dass ich neue Freunde gefunden hab. Dass ich den Nintendo DS bekommen habe. Und dass ich so 'ne gute Familie habe. Dass wir an Weihnachten den schönsten Baum gehabt haben. Und wenn die ganze Familie zusammen ist und wir einen Film anschauen, das ist halt schön.
Julia, 9 Jahre

Meine ersten Schritte! Da hab ich mich richtig gefreut!
Henrietta, 8 Jahre

Dass ich 'n Computer gekriegt habe. Das war schön, weil ich jetzt viel mehr machen kann, als nur singen und tanzen. Ich kann mit dem Computer lernen. Mein Vater bringt es mir bei.
Kolle, 8 Jahre

Dass ich hier auf die Schule gekommen bin, dass ich geboren bin und dass ich gleich so viele Freunde gefunden hab.
Muriel, 9 Jahre

Mein Allerschönstes weiß ich jetzt nicht, es gibt so viele. Ich sag jetzt mal irgendeins: Wo ich meine Freunde kennengelernt habe. Das war im Kindergarten, da war ich erst ganz alleine. Und dann kam Janika zu mir und fragte, wer ich bin und ob ich mit ihr spielen will. Und dann sind wir zur Rutsche und ich hab sie gefragt: »Willst du meine Freundin sein?« Und sie hat »ja« gesagt.
Kira, 8 Jahre

Als ich in die Schule gekommen bin!
Vanessa, 9 Jahre

Dass ich 'ne kleine Schwester hab. Die ist zuhause geboren. Und als ich die gesehen hab – das war schön.
Kurt, 8 Jahre

Dass ich 'ne Schwester gekriegt hab und dass ich 'n Fahrrad gekriegt hab, 'n großes. Ich musste das Fahrrad aber auch selber zahlen und das war das Schlechte dran. Meine Schwester ist noch klein, sie ist drei Wochen alt oder so was. Sie sieht so süß aus, so klein, kleine Fingerchen. Ich habe sehr viel Spaß mit ihr. Sie ist klein, süß und sie schläft nur.
Mekin, 8 Jahre

Einen schönen Tag haben, kein Streit haben.
Daniele, 10 Jahre

Als ich meine beste Freundin gefunden habe. *Julia, 8 Jahre*

Da gibt's viele Sachen! Zum Beispiel das ich jetzt hier sitze und vielleicht später bei dem Projekt mitmache! Es war auch ein gutes Gefühl, als ich auf dem Eis stand zum ersten Mal. Bei der Weihnachtsfeier stand ich auch mit Lampenfieber vor vielen Leuten und habe gedichtet. Das war zwar das Schönste, aber es war auch nervenkillend.
Marion, 9 Jahre

Dass wir am Triberger Wasserfall waren. Da gehen wir jedes Jahr hin.
Corinna, 8 Jahre

Als ich ein Paket aus Amerika bekommen hab. Und Besuch kam aus Amerika und ich konnte mit dem reden, der war Amerikaner. Weil ich in der Schule gut aufgepasst hab, konnte ich auch gut Englisch mit ihm reden. Ein paar schwere Wörter konnt' ich nicht.
Fabian, 9 Jahre

Dass ich meine Freundin kennengelernt hab. Weil ich früher ja woanders gewohnt hab, da hab ich ja meine alten Freunde verlassen. Dann war ich auf einer ganz anderen Schule und hatte hier noch keine Freunde. Dann hab ich sie kennengelernt und hatte endlich mal 'ne richtige Freundin.
Tamara, 9 Jahre

Da war ich Skifahren mit meinem Freund ganz hoch auf dem Berg. Da bin ich fast runtergefallen und da hat er mir fast das Leben gerettet.
Marko, 9 Jahre

An meinem Geburtstag bin ich mit meinen Freundinnen in McDonald's gegangen. Da war so ein ganz großer Spielplatz, da haben wir gespielt.

WAS WAR DAS TOLLSTE, WAS DIR JE PASSIERT IST?

Die haben auch für uns eine Torte gemacht und ich hab ganz viele Geschenke bekommen.
Vesna, 8 Jahre

Dass ich Freunde gefunden hab, des fand ich echt schön, da war ich einfach richtig glücklich den ganzen Tag und dass ich so 'ne nette Lehrerin gekriegt hab.
Marlena, 9 Jahre

Als ich das erste Mal ins Schwimmen gegangen bin. Ich war vorher noch nie im Schwimmbad. Da musste ich gucken, dass ich nicht runterfalle.
Bhawna, 9 Jahre

Das Tollste, was mir je passiert ist, ist diese Schule!
Can, 8 Jahre

An meinem neunten Geburtstag. Da haben wir ganz toll gespielt und alle hatten ganz viel Spaß und ich hab ganz tolle Geschenke bekommen. Das war ein ganz tolles Gefühl, als ob ich in Gold schwimmen würde.
Maximilian, 9 Jahre

Als wir in B. waren, da wohnt mein Freund, da haben wir einen Wunschsessel gefunden. Man setzt sich drauf und wünscht sich was. Als wir durch so 'n Blumengarten gegangen sind, haben wir den gefunden. Da war noch 'n Schild und da stand drauf: »Wunschsessel«. Dann kam eine Frau und hat uns erklärt, wie man das macht: Man soll nicht die Beine immer hin und her schwingen, sondern ruhig drauf sitzen und an den Wunsch denken. Sie hat aber nicht gesagt, wie lange es dauert, bis er in Erfüllung geht.
Meik, 8 Jahre

Ich weiß keins. *Toni, 9 Jahre*

Als ich fünf Jahre war, hab ich geschlafen. Und da sind meine Opas und Omas gekommen, die vier halt. Und am nächsten Tag hatte ich Geburtstag und die haben mir alle einen Überraschungsgeburtstag gemacht. Die sind extra aus der Türkei gekommen.
Ismail, 9 Jahre

Dass ich so 'ne Freundin hab wie Aysha ist. Die ist aber leider weggezogen. Ja, das ist das Tollste auf der Welt, so eine Freundin wie Aysha zu haben, die immer für einen da ist. Selbst wenn sie jetzt nicht mehr hier ist, kann ich immer mit ihr telefonieren. Ich weiß noch, wie wir uns im Kindergarten begegnet sind: ich war ganz alleine und dann ist Aysha gekommen und hat mit mir gespielt.
Anna, 9 Jahre

Dass wir mit meiner Familie picknicken gegangen sind.
Mert, 9 Jahre

Ich fand es ganz toll, als ich zu meinen Nachbarn ging, da war der Hund gerade gestorben, und ein paar Tage später, da hatte mein Nachbar einen ganz winzigen Schäferhund und ich fand den so süß, weil man sich einen Schäferhund halt immer ganz groß vorstellt, aber der war noch ganz klein und tatterig.
Nele, 8 Jahre

Dass ich sehr gute Noten hab und gut in Karate bin.
Tomo, 9 Jahre

Ein schöner Kindergeburtstag. Da sind wir in einen Park gefahren! Da gab es einen Riesenspielplatz und Tiere und ein großes Luftkissen.
Valerian, 9 Jahre

Dass wir mal in den Urlaub können, weil wir waren mal in der Pfalz und wir gehen jedes Jahr einmal in den Europapark mit Übernachten. Es ist schön, wenn man mal zwei Tage weg ist von daheim und was anderes machen kann.
Beate, 9 Jahre

Als ich meinem Papa das Zeugnis gezeigt habe und dann hat er einen kleinen Leoparden hervorgeholt, aber keinen echten.
Pauline, 8 Jahre

Dass ich eine Eins bekommen habe. Ich war ganz ganz froh und meine Mama hat sich auch so gefreut. Die hat schon ganz lange gewartet, dass ich eine Eins bekomme.
Pegah, 8 Jahre

Dass ich viele Freunde gefunden hab.
Stefano, 9 Jahre

Also ich bin nach Stuttgart gegangen und da waren wir in einem Naturhaus, da gab es viele Sachen und danach sind wir Essen gegangen, dann haben wir noch eine kleine Stadt besucht und sind da auf den Rummel gegangen. Das war toll.
Aru, 8 Jahre

An dem Geburtstag, als ich mein Fahrrad bekommen hatte und der Geburtstag, an dem ich meinen Schulranzen bekommen habe.
Philipp, 9 Jahre

Dass ich viele Freunde habe und mich gut mit denen verstehe und wir miteinander spielen.
Pinar, 9 Jahre

Wir waren mal in so einem Kinderspielland. Das war ganz toll.
Aleyna, 10 Jahre

Wo ich zum ersten Mal nach Italien kam. Ich habe mich so gefreut, es ist einfach schön.
Mario, 9 Jahre

Als ich mein Pferd das erste Mal gesehen hab und gestriegelt hab. Und als ich umgezogen bin. Und als ich die Hasen bekommen hab.
Sophie, 9 Jahre

Dass ich zum DLRG gekommen bin und zum ersten Mal im Wasser war.
Quentin, 9 Jahre

Dass ich einmal zu einem Konzert gegangen bin und dort hab ich Michael Jackson gesehen in meinem Hotel, in der Türkei.
Sadik, 8 Jahre

Dass ich zweimal beim Wettbewerb gewonnen habe und ich habe bei Reitturnieren zweimal den vierten Platz gekriegt.
Celine, 9 Jahre

Dass ich mal beim Fußballverein mitspielen konnte. Das war gut. Und dass ich mal im Handball mitspielen konnte, das war auch gut.
Dennis, 9 Jahre

Dass ich Klassensprecher geworden bin und dass ich in diese Schule gekommen bin.
Elias, 8 Jahre

In ein Planetarium und ins Museum zu gehen.
Annette, 8 Jahre

Ich habe mal mit meiner Oma eine kleine Geschichte geschrieben, die mussten wir dann auswendig lernen. Das weiß ich noch, das war in der zweiten Klasse. Da hab ich gemerkt: »Jetzt kann ich's!«. Und meine Lehrerin hat das auch so gesehen. Da hab ich 'ne Eins bekommen. Dieses Gefühl »Jetzt kann ich's!« ist toll.
Leah, 9 Jahre

Als ich auf der Hochzeit von meinem Cousin singen durfte, als ich vier war.
Sanja, 10 Jahre

Dass ich mit meinen Geschwistern und mit meiner Tante und meinem Cousin alleine vier Wochen zuhause bleiben konnte. Meine Eltern waren pilgern, nach Mekka. Wir sind schwimmen gegangen, zu McDonald's, Einkaufen gegangen und haben viele tolle Dinge gemacht.
Selin, 8 Jahre

Dass ich mich endlich getraut hab, vom Fünfer zu springen. Erst hatte ich noch ein bisschen Angst, aber dann, als mein Freund gesprungen ist, habe ich gedacht: »Ich schaff das auch!« Am besten man guckt nicht runter und man sollte immer gerade springen, sonst tut man sich weh.
Isabelle, 9 Jahre

Da, wo Irina galoppiert ist und ich nicht runtergefallen bin.
Prisca, 8 Jahre

Als ich ein Pfostentor gemacht hab. Ich war vorne und hab jeden ausgetrickst, hab zu meinem Freund gepasst, dann hat er zu mir geflankt und dann hab ich seitlich auf den Pfosten geschossen.
Seyyid, 8 Jahre

Weißt du, wo ich richtig glücklich war? Als ich meine Schwester gekriegt hab. Die ist so süß und kann so toll lachen! Als sie geboren wurde, durfte ich sie gleich in den Arm nehmen. Das war so schön für mich! Ich kann die Gefühle einfach nicht beschreiben. Ich finde das so toll, so schön, dass ich noch ein kleines Schwesterchen hab, um die ich mich kümmern kann. Zum Beispiel sie aus dem Bett rausholen und mit ihr spielen. Das ist so schön.
Silke, 8 Jahre

Dass ich 100 Euro auf der Straße gefunden hab. Das war direkt auf der Straße. Ich hab ein bisschen was gekauft und den Rest hab ich meiner Mutter gegeben. Besser sparen, als gleich was kaufen.
Rilind, 8 Jahre

Es gibt so viele tolle Sachen … hmmh. Ich fand's gut, dass ich bei einem Turnier von meinem Verein mal so ein tolles Tor geschossen habe.
Malte, 8 Jahre

Wo ich mit Mama ganz lang Federball gespielt hab und nie hat einer aufgehört. Der Ball ist nie runtergefallen und das ganz ganz ganz lange.
Stefan, 8 Jahre

Als wir mit meinen Eltern ans Meer gegangen sind.
Stela, 9 Jahre

Cotton
Los Angeles
Chapter
Standing
Ovation

PAOLO, 9 JAHRE

Erzähl mal, was du so machst, wenn du mit den Hausaufgaben fertig bist.
Ich gehe zu einem Freund oder spiel irgendwas, zum Beispiel Gameboy. Mit meinem Freund spiele ich Detektiv. Da finden wir immer so Hinweise, und da haben wir schon ganz interessante Sachen gefunden. Wir schauen halt, ob wir was Neues finden und so. Ich bin im Fußball, Tennis und im Schwimmen. Da lernen wir Brust, Kraul, Rücken, Delfin. Aber nur Winter. Tennis ist zurzeit in der Halle und im Sommer auf dem Tennisplatz. Das mache ich schon zwei, drei Jahre.

Wieso sind Freunde wichtig im Leben?
Weil man sonst mit fast niemanden spielen kann. Wenn man keine Freunde hat, ist man halt traurig.

Wovor fürchtest du dich?
Eigentlich vor gar nichts.

Was kannst du richtig gut?
Richtig gut kann ich Fußball, Tennis, und Schwimmen kann ich sehr gut. **Was würdest du gerne besser können oder an dir anders haben wollen?** Was ich gern anders hätte, hm. Da fällt mir gar nichts ein.

Welchen Beruf kannst du dir für dich vorstellen?
Fußballer, Tennisspieler. Ich mach auch gerne Ketten und so was, also Perlen auffädeln. Das könnt ich auch machen. Da gibt es viel Zeug. Früher hatte ich mal einen Beruf, den ich auch werden wollte: Goldschmied oder so. Da gibt's viel, was ich gern lernen würde.

Gibt es was, was die Deutschen richtig gut können?
Die Deutschen können gut Fußball spielen und Handball auch. **Gibt es Dinge, die andere Länder besonders gut machen?** Italien. Die sind ja Fußballweltmeister geworden und die sind auch gut darin und sie können gut Pizza backen. Und Eis!

Was gefällt dir am Kindsein?
Da hat man halt viel mehr Freizeit. Da kann man viel mehr machen, zum Beispiel zu Freunden gehen. Da hat man nicht so lange Schule und als Erwachsener muss man ja viel länger arbeiten und so, da hat man ja auch nicht so viel Freizeit. **Was stört dich am Kindsein?** Nichts.

Stell dir mal vor, du bist erwachsen. Beschreib, wie du bist.
Weiß nicht. Darüber habe ich mir noch keine Gedanken gemacht.

Was ist dein allergrößter Wunsch?
Dass ich gesund bleibe. Es gibt so schlimme Krankheiten, die will ich einfach nicht haben. Fieber geht ja noch oder Schnupfen, das ist ja noch normal! Aber so schlimme Krankheiten, die will ich nie haben. Zum Beispiel Krebs, da kann man dran sterben und das will ich nicht.

Wo siehst du die größten Probleme in der Welt?
Krieg, weil da so viel rumgeballert wird, und das ist ja auch nicht grad sehr schön! Dagegen kann man eigentlich nichts machen.

Glaubst du an Gott?
Ja. **Wie stellst du ihn dir vor?** Hat einen langen Bart, Krone auf dem Kopf und der ist oben im Himmel, denke ich.

Was war das Tollste, was dir je passiert ist? Da gibt's viel.

Wenn du Chef von Deutschland wärst, was würdest du machen, worum würdest du dich kümmern?
Das ist jetzt eine Frage! Da würde ich bessere Gesetze aufstellen. Die Sportmannschaften würde ich besser trainieren lassen. Zum Beispiel Fußballmannschaften brauchen ja immer so viele Spieler, das würde ich unterlassen. Also, da würde ich sagen: es darf nicht mehr als 50 Millionen Euro ausgegeben werden für 10 Spieler oder in einem Jahr 15 Spieler oder weniger kaufen.

ISABELLA, 8 JAHRE

Erzähl mal, was du so machst, wenn du von der Schule nach Hause kommst.
Als Erstes esse ich, dann guck ich Fernsehen. Manchmal spiel ich auch ein bisschen Keyboard.

Wieso sind Freunde wichtig im Leben?
Damit man auch ein bisschen Spaß hat und nicht so alleine ist, zum Beispiel in der Pause. Dann muss man nicht alleine rumlaufen. Und damit sie einem helfen.

Wovor fürchtest du dich?
Ich hab Höhenangst. Ich bin Riesenrad gefahren und hab mich fast übergeben.

Was kannst du richtig gut?
Rechnen. Mein Vater war auch schon gut im Rechnen. Er kam aus Italien und konnte kein Wort Deutsch, aber im Rechnen war er super. Und das ist irgendwie vererbt worden an mich. **Was würdest du gerne besser können oder an dir anders haben wollen?** Deutsch würd ich gern besser können, und Sport.

Welchen Beruf kannst du dir für dich vorstellen?
Modedesignerin will ich werden. Schon als kleines Kind hab ich mir immer einen Block genommen, hab Sachen aufgemalt. Jetzt hab ich so ein Buch, da mal ich auch immer Klamotten drauf.

Gibt es was, was die Deutschen richtig gut können?
Nö, eigentlich nicht. **Gibt es Dinge, die andere Länder besonders gut machen?** In Italien: Pizza backen und essen.

Was gefällt dir am Kindsein?
Dass wir machen können, was wir wollen. Die Schule gefällt mir auch und dass wir auch in kleine, enge Sachen kriechen können. **Stört dich was am Kindsein?** Dass wir zum Beispiel nicht vom Baum springen dürfen. Die Erwachsenen dürfen alles machen.

Stell dir mal vor, du bist erwachsen. Wie bist du, was machst du?
Ich arbeite, also ich arbeite mal viel. Sonst kann ich mir noch nichts vorstellen. Und wohnen würd ich gern in Hollywood, aber da braucht man viel Geld. Meine Mutter hat gesagt, nur wenige Modedesigner werden ganz berühmt.

Was ist dein allergrößter Wunsch?
Dass ich Modedesignerin bin und auch berühmt werde und dass ich gesund bleibe. Wenn ich krank bin, kann ich ja nichts mehr machen.

Wo siehst du die größten Probleme in der Welt und warum?
Dass es so viele böse Sachen gibt, Diebe und so'n Zeug. Ich guck auch Nachrichten und da kommen immer Unfälle, Diebstähle und so.

Was kann man dagegen machen?
Man muss zu den Leuten sagen: »Sei besser, dann ist die Welt zu dir auch besser. du bekommst dann, was du willst. du musst nicht dafür klauen.«

Glaubst du an Gott?
Ja. **Wie stellst du ihn dir vor?** Mit grauen Haaren, so 'n Bart und er hat was Weißes an. Ich kann ihn mir nicht so gut vorstellen, weil ich seh ihn ja nicht.

Was war das Tollste, was dir je passiert ist?
Das Tollste ist, dass ich so liebe Eltern habe.

Wenn du Chef von Deutschland wärst, was würdest du machen, worum würdest du dich kümmern?
Würde als erstes Gemüse abschaffen und das Obst, weil ich Gemüse und Obst hasse. Ich würde Schokolade herschaffen, alles aus Schokolade! Das würde ich machen.

JANIKA, 8 JAHRE

Erzähl mal, was du so machst, wenn du mit den Hausaufgaben fertig bist. Ich spiel jeden Tag was anderes. Manchmal sind wir Lehrerinnen, manchmal mal ich was. Dienstags haben wir Zirkus, dann hab ich noch Kunst-AG und Schwimmkurs.

Wieso sind Freunde wichtig im Leben? Weil es sonst langweilig ist.

Wovor fürchtest du dich? Vor Raubtieren, wenn ich denen in der Natur begegne.

Was kannst du richtig gut? Klettern. Ich hab's ausprobiert ganz lang, und dann konnt ich's. Ich mach gerne Sport. **Was würdest du gerne besser können oder an dir anders haben wollen?** Fällt mir grad nichts ein.

Welchen Beruf kannst du dir für dich vorstellen? Lehrer. Da macht man Sachen mit Kindern, lernt was mit denen.

Gibt es was, was die Deutschen richtig gut können? Nee. **Gibt es Dinge, die andere Länder besonders gut machen?** Nee.

Was gefällt dir am Kindsein? Dass man in die Schule gehen kann und manchmal muss man noch nicht Eintritt zahlen. **Stört dich was am Kindsein?** Dass meine Mama immer sagt: »Es gibt Unterschiede zwischen Erwachsenen und Kindern«, wenn ich mal was machen will.

Stell dir mal vor, du bist erwachsen. Wie bist du, was machst du? Genauso wie jetzt, nur dass ich nicht in die Schule geh.

Was ist dein allergrößter Wunsch? Ich hab viele Wünsche, aber ich weiß nicht, was davon der allergrößte ist … Dass es in den Ländern, wo es Krieg gibt, keinen mehr gibt.

Wo siehst du die größten Probleme in der Welt? Dass manche Menschen sich nicht so gut verstehen und sich streiten. **Was kann man dagegen tun?** Die müssen sich irgendwie versöhnen.

Glaubst du an Gott? Ein bisschen, bei manchen Sachen ja, bei manchen Sachen nein. Ich glaub schon, dass es ihn gibt, aber ich glaub zum Beispiel nicht, dass er mich erschaffen hat. Das hat die Mama gemacht. Und die Welt ist auch einfach so entstanden. **Wie stellst du ihn dir vor?** Wie ein Mann mit Flügeln, ein Engelmann. Nur halt ein ganz großer.

Was war das Tollste, was dir je passiert ist? Das Tollste! Oh! Dass ich an dieser Schule bin, weil alle meine Freunde sind hierher gekommen. Und den Rektor find ich auch nett. Und es ist ein Glück, dass wir jetzt Zirkus haben.

Wenn du Chef von Deutschland wärst, was würdest du machen, worum würdest du dich kümmern? Dass alle Schulen es gut haben. Dass genug Häuser da sind, genug Arbeitsstellen, dass es nicht so viel Streit gibt.

HARIS, 8 JAHRE

Erzähl mal, was du so machst, wenn du mit den Hausaufgaben fertig bist.
Ich geh an'n Computer oder schau fern. Freitag und Mittwoch trainier ich Fußball und ich mach Zirkus.

Wieso sind Freunde wichtig im Leben?
Dass man Spaß hat, dass man Leute hat zum Spielen, dass man was teilen kann, etwas machen.

Wovor fürchtest du dich?
Vor Löwen, Bären, Haien und Krokodilen.

Was kannst du richtig gut?
Fußball spielen kann ich ganz gut. **Was würdest du gerne besser können oder an dir anders haben wollen?** Nichts.

Welchen Beruf kannst du dir für dich vorstellen?
Entweder Fußballer oder Doktor. An Fußball gefällt mir, wenn die ein Tor machen, kriegen die eine Million. An Doktor gefällt mir gut, wenn ich ein Jahr gespart hab, dann hab ich schon 30.000.

Gibt es was, was die Deutschen richtig gut können?
Irgendetwas schon ... Ich glaube, die haben diesen Schokopudding erfunden mit Sahne. Das machen die sehr gut. **Gibt es Dinge, die andere Länder besonders gut machen?** In Italien machen die besonders die Nudeln und die Pizza gut. In Kroatien gibt es Meer, so weit das Auge blicken kann.

Was gefällt dir am Kindsein?
Man hat Spaß, kann viel machen, man ist schneller als die Erwachsenen. **Was stört dich am Kindsein?** Dass die Erwachsenen sagen: »Du bist zu klein für solche Sachen.« Zum Beispiel manche Spiele, da muss ich noch acht Jahre warten, bis ich mir das kaufen kann.

Stell dir mal vor, du bist erwachsen. Beschreib, wie du bist.
Wenn ich erwachsen bin, geh ich, glaube ich, zur Highschool. Ich war noch nie in einer Highschool.

Was ist dein allergrößter Wunsch?
Es gibt so vieles ... : die neue Playstation zu bekommen. Und die Twix-Schokolade, die mag ich und KitKat.

Wo siehst du die größten Probleme in der Welt?
Wenn ein Mensch stirbt, sein Herz ist gebrochen und dann stirbt er. Wie bei meinem Opa. Sein Herz war gebrochen und dann ist er gestorben. Das war sehr schlimm.

Glaubst du an Gott?
Ja. Ich glaub an Gott und an Mohammed, weil ich bin Moslem. Ich find Gott toll, weil er uns unser Leben geschenkt hat, Licht, Meer, Tiere – obwohl ich Tiere nicht mag –, und Land und uns Menschen auf jeden Fall. Mohammed find ich gut, weil es Regeln gibt, die gar kein Mensch kaputtmachen darf. Ich darf kein Schweinefleisch essen. Das ist eine Regel. **Wie stellst du dir Gott vor?** Keine Ahnung ... Gott hat, glaube ich, graue Haare und Mohammed schwarze.

Was war das Tollste, was dir je passiert ist?
Der Rummelplatz! Am besten fand ich das Geisterhaus. Und ich fand Zuckerwatte gut, obwohl ich sie nur einmal probiert habe.

Wenn du Chef von Deutschland wärst, was würdest du machen, worum würdest du dich kümmern?
Ich würde auch für arme Leute Häuser bauen, zum Beispiel für Penner, die haben kein Geld. Wenn ich der Bürgermeister wär, würde ich den Bauarbeitern sagen, dass sie mehr arbeiten sollen. Neben unserer Straße haben sie das gemacht, und ich wünsche, dass es noch mehr solche Häuser gibt, dass die armen Leute da umsonst wohnen können.

just sports
adidas

UGUR, 9 JAHRE

Erzähl mal, was du so machst, wenn du von der Schule nach Hause kommst.
Ich lese Bücher, mir macht es Spaß. Bücher zu lesen. Aber nicht so schwierige Bücher, solche, die ich auch verstehen kann. Mit meinem Bruder spiel ich Halli-Galli.

Wieso sind Freunde wichtig im Leben?
Freunde sind mir wichtig, damit ich in Deutschland gut leben und spielen kann.

Wovor fürchtest du dich?
Vor Tieren. Hunde und Dinosaurier. Und Elefanten.

Was kannst du richtig gut?
Mathe. Mathe macht mir sehr Spaß. Und AGs mag ich auch. **Was würdest du gerne besser können oder an dir anders haben wollen?** Ich will mich verbessern in Deutsch. Ich bin nicht so schlecht, aber auch nicht so gut. Ich bin normal. In der Deutscharbeit krieg ich oft eine Drei.

Welchen Beruf kannst du dir für dich vorstellen?
Ich will Pilot werden, wenn ich kann. Es gefällt mir, dass man die ganzen Leute irgendwo hinbringen kann und alle Städte sieht. Ich will alles sehen. Nicht nur Deutschland, sondern auch andere Länder. Wenn das nicht klappt, vielleicht Mechaniker, Autos reparieren. Davon hat mir mein Vater erzählt.

Gibt es was, was die Deutschen richtig gut können?
Die machen die Straßen hier gut. Die geben sich Mühe. **Gibt es Dinge, die andere besonders gut können?** In Antalya machen sie schöne Hotels.

Was gefällt dir am Kindsein?
Dass ich meine Eltern frohmachen kann. Als Kind krieg ich was, und wenn ich groß bin, krieg ich nichts. **Stört dich was am Kindsein?** Mich stört gar nichts.

Stell dir mal vor, du bist erwachsen. Beschreib, wie du bist.
Ich arbeite und komm nach Hause, geh zu meinen Eltern, geh nach Antalya und bleib dort.

Was ist dein allergrößter Wunsch?
Dass meine Eltern alles, was ich ihnen sage, machen. Manchmal vergessen die das.

Wo siehst du die größten Probleme in der Welt und warum?
Ich seh keine Probleme in der Welt … Wenn einer einen Unfall macht, wenn ein Haus wackelt und kaputtgeht. Ich will, dass das alles besser wird und die Menschen nicht tot werden.
Was kann man dagegen machen? ---

Glaubst du an Gott?
Ja. **Wie stellst du ihn dir vor?** Ich stelle mir vor, dass Gott alles schön macht und uns schützt.

Was war das Tollste, was dir je passiert ist?
Als ich ein Fahrrad bekommen habe und sie bei uns einen Spielplatz gemacht haben. Und dass ich immer glücklich bin.

Wenn du Chef von Deutschland wärst, was würdest du machen, worum würdest du dich kümmern?
Wenn ich der Chef wäre, würde ich allen sagen: »Trinkt keinen Alkohol und raucht keine Zigaretten.« Wenn die Türken hierher kommen, dann nehmen die Alkohol. In der Türkei machen sie das nicht. Da machen sie nur, was Türken machen.

NFS
OFFICIAL
SPEED

ZEHRA, 9 JAHRE

Erzähl mal, was du so machst, wenn du mit den Hausaufgaben fertig bist.
Ich geh mit meinen Freundinnen raus, wir spielen Fangen, treffen uns mit anderen Freundinnen, trinken mal was oder holen uns Brezeln vom Bäcker. Wir spielen auch Lehrerin und so.

Wieso sind Freunde wichtig im Leben?
Weil man kann denen vertrauen und alles erzählen, auch Geheimnisse, und die können einem Tipps geben.

Wovor fürchtest du dich?
Wenn wir gruselige Filme angucken, dann habe ich Angst. Oder vor Räubern. Ich bilde mir oft was ein.

Was kannst du richtig gut?
Ich kann gut schwimmen, hab auch bei Wettbewerben mitgemacht und auch schon einen Pokal gewonnen. **Was würdest du gerne besser können oder an dir anders haben wollen?** Ich will besser Rad schlagen können.

Welchen Beruf kannst du dir für dich vorstellen?
Lehrerin oder Präsidentin. Ich bin in der Schule gut, hab schon gute Noten.

Gibt es was, was die Deutschen richtig gut können?
Die können Sachen essen, die wir nicht essen können. Wir essen andere Sachen, zum Beispiel Schaf. Die Deutschen essen kein Schaf. **Gibt es Dinge, die andere Länder besonders gut machen?** Alle Länder können etwas.

Was gefällt dir am Kindsein?
Die Kinder können einfach alles. Die Erwachsenen nicht so. Zum Beispiel kann ich Spagat gut. Wenn ich jetzt erwachsen wär, könnt ich das nicht mehr. **Stört dich was am Kindsein?** Dass ich immer Stress kriege wegen meiner kleinen Nichte. Die schreit immer, das mag ich nicht so gerne.

Stell dir mal vor, du bist erwachsen. Beschreib, wie du bist.
Ich will andere Länder besuchen, möchte andere Sprachen lernen, zum Beispiel Arabisch. Auch in Deutschland gibt es viele aus anderen Ländern. Die können nicht gut Deutsch, da könnt ich dann übersetzen. So was finde ich gut.

Was ist dein allergrößter Wunsch?
Dass ich mit meinen Freundinnen ein Haus bekomme und ein tolles Kind habe.

Wo siehst du die größten Probleme in der Welt?
Dass Menschen sterben müssen an Krankheiten. Ich will, dass es keine Krankheiten mehr gibt und keine Armut. Zum Beispiel so wie in Afrika, da sind sie ja sehr arm. Geld allein bringt's da auch nicht mehr. Die brauchen auch Wasser aus dem Hahn, dass sie nicht immer laufen müssen. Und ich will auch, dass die Kinder in die Schule gehen und was lernen können.

Glaubst du an Gott?
Ja. **Wie stellst du ihn dir vor?** Ganz groß, einen langen Bart und hat große Füße und Arme. Ich hab ihn aber noch nie gesehen, aber ich denk, dass er ganz groß ist.

Was war das Tollste, was dir je passiert ist?
Dass wir mit meiner ganzen Familie, Tanten und Onkels mal ins Schwimmbad gegangen sind. Das hat voll viel Spaß gemacht.

Wenn du Chef von Deutschland wärst, was würdest du machen, worum würdest du dich kümmern?
Ich würde mich um die Armen kümmern, dass sie alles haben und nicht sterben müssen. Dass alle ein Haus haben und es keinen Krieg mehr gibt.

BETÜL, 9 JAHRE

Erzähl mal, was du so machst, wenn du mit den Hausaufgaben fertig bist.
Ich übe Mathe und Lesen, und dann geh ich zu meiner Cousine, üb noch mal und geh ein bisschen raus und spiel. Dann geh ich zu meiner Schwester und pass auf das kleine Baby auf. Und dann machen wir manchmal einen Besuch. Und dann gehen wir zum Doktor, weil meine Mutter wird bald an der Hand operiert. Ich treff mich manchmal mit meiner Freundin, wir spielen und sie kommt zu mir. Wir lesen ein bisschen und wir üben Mathematik und dann gucken wir fern.

Wieso sind Freunde wichtig im Leben?
Meine Freundin ist nett und sie gibt mir manchmal Geld, wenn ich mein Geld vergesse, und ihre Schwestern sind auch so nett.

Wovor fürchtest du dich?
Also mir machen Spinnen Angst, Schlangen, Tiger und Löwen und zum Beispiel ein Gespenst. Bei den Türken gibt es Shetan, ich kenn das nur von der Kassette, der geht so in die Menschen rein und man stirbt dann. Und Gorillas, so Affen machen mir auch Angst.

Was kannst du richtig gut?
Sport und Lesen, Schwimmen. **Was würdest du gerne besser können oder an dir anders haben wollen?** Dass ich sehr gut lesen kann, sehr gut Mathe und sehr gut Sport.

Welchen Beruf kannst du dir für dich vorstellen?
Deutschlehrerin, also in Deutsch gefällt mir: Man muss so Sachen machen, zum Beispiel muss man Wörter fertig machen und die Adjektive dazulegen, das macht mir Spaß.

Gibt es was, was die Deutschen richtig gut können?
Die können gut Häuser bauen, unsere in der Türkei sind immer klein. **Gibt es Dinge, die andere Länder besonders gut machen?** Amerika ist auch gut. Die haben so ein Kunstwerk, das gefällt mir, des ist schön, so ganz hoch. Das ist ein Mensch mit einer Fackel. Und in Amerika gibt es so schöne Schauspieler.

Was gefällt dir am Kindsein?
Dass meine Mutter mich immer ins Kino bringt und dann noch ins Schwimmen und dann noch in die Schule. Die Eltern geben sich Mühe für die Kinder, dann haben die Kinder Spaß. **Stört dich auch manchmal was am Kindsein?** Ja, wenn ich zum Beispiel jetzt meiner Mutter sage: »Mama, können wir ich zu meiner Freundin gehen?« und sie sagt »Nein! Nein! Nein!«, das stört mich immer.

Stell dir mal vor, du bist erwachsen. Beschreib, wie du bist.
Ich will ein großes Haus haben und einen Swimmingpool und nach Spanien gehen, und ich will noch auf die Babys von meinem Chef aufpassen, wenn die in die Türkei gehen, dann will ich noch schwimmen gehen und ins Fitness gehen, also zum Sport.

Was ist dein allergrößter Wunsch?
Dass ich gute Noten bekomm und dass meine Familie gesund bleibt und dass ich zum Gymnasium gehen kann. Dass meiner Mutter ihre Hand wieder gut wird und mein Vater auch – sein Rücken tut weh – und mein Bruder soll wieder brav sein.

Wo siehst du die größten Probleme in der Welt?
Mein Bruder ist zu McDonald's gegangen mit seinen Freunden. Drei Jungs waren im Auto, das waren von meinem Bruder die Freunde. Da war so Öl auf dem Boden, die sind so schnell gefahren. Dann sind die auf dem Öl gerutscht und haben einen Unfall gemacht. Zwei sind in Narkose, einer lebt noch. Und mein Onkel aus der Türkei, der ist von einem Traktor runtergefallen.

Glaubst du an Gott?
Ja. **Wie stellst du ihn dir vor?** Also der ist riesengroß und er fragt, wenn man stirbt: »Hast du was Schlimmes gemacht?« Und dann, wenn ich zum Beispiel was Schlimmes gemacht hab, schmeißt er uns ins Feuer, ins Vulkanfeuer. Das ist bei den Türken so. Wenn wir was Schlimmes sagen, schlimme Wörter, und wenn wir so viele Piercings haben, wenn wir nicht so brav sind, dann schickt der Gott uns ins Feuer. Wenn wir brav sind, dann schickt er uns in eine weiße Welt, in die Wolken, da kann man, was wir wollen, kriegen von Gott, zum Beispiel ein Eis.

Was war das Tollste, was dir je passiert ist?
Dass wir in den Ferien nach Istanbul gefahren sind, in die Stadt. Da gibt's

so ein Wasser, da sind so viele Schiffe, wir sind damit gefahren und haben auf dem Schiff was gegessen. Dann haben wir noch über die Brücke geguckt und wir sind mit dem Auto über die Brücke gefahren, da haben wir nochmal die Schiffe gesehn, da waren so viele Boote und ein riesengroßes Schiff.

Wenn du Chef von Deutschland wärst, was würdest du machen, worum würdest du dich kümmern?
Also, ich würde den armen Leuten ein Haus machen lassen und noch einen Laden zum Essen, zum Trinken und eine Fabrik, so drei, vier Stück. Ich würde noch ein Eiscafé machen lassen und einen Friedhof und noch so Schiffe zum Segeln und Wasser. Und ich würde eine Schule machen lassen und ein Auto, viele, und Computer, Spielplatz, Kindergarten, Schwimmbad, IKEA. Ich würde die Schauspieler aus Amerika hierher holen.

JOELLE, 9 JAHRE

Erzähl mal, was du so machst, wenn du mit den Hausaufgaben fertig bist.
Oft treffe ich mich mit Freunden oder spiel am Computer. Na ja und manchmal, sehr selten, hau ich mich ein bisschen auf's Ohr. Ich bin im Chor und mach nachmittags hier an der Schule noch TG, das heißt Turngemeinde. Das ist so Kindersport und es gefällt mir sehr gut, es ist schon aufregend, was man in den TGs erlebt.

Wieso sind Freunde wichtig im Leben?
Wenn du jetzt in der Patsche sitzt, dann helfen dir Freunde wieder raus oder wenn du was vergessen hast, leihen sie dir etwas, was ihnen gehört. Wenn jedes Kind einen Freund hätte, wäre es schon gut, man kann sich helfen.

Wovor fürchtest du dich?
Vor der Dunkelheit. Ich denk mir oft, dass da so Monster rumgeistern. Früher hatte ich Angst vor Spinnen, aber die hab ich jetzt weggekriegt. Manchmal erschreck ich mich schon noch kurz, wenn eine Spinne vor mir auftaucht.

Was kannst du richtig gut?
Na ja, Sport machen, Singen. Meine Schwester sagt auch, dass ich manchmal gut nerven kann. **Was würdest du gerne besser können oder an dir anders haben wollen?** Mathe und Deutsch. Na ja und manchmal auch, dass meine Schwester netter wäre. Die entwickelt sich immer gemeiner und sagt oft, mach das, mach dies.

Welchen Beruf kannst du dir für dich vorstellen?
Ich würde gerne Detektivin werden, denn zuhause finde ich immer die Sachen. Oder auch Malerin würde ich gerne werden, weil man mit Malen Phantasie herausholen kann und den andern zeigen kann, was man erlebt hat und das so in Erinnerung halten kann.

Gibt es was, was die Deutschen richtig gut können?
Manche können gut Verbrechen aufklären. Die Deutschen können auch gut auf andere aufpassen. **Gibt es Dinge, die andere Länder besser machen als die Deutschen?** In Kroatien zum Beispiel machen die oft Märkte, die haben sogar richtige Maler, das finde ich gut.

Was gefällt dir am Kindsein?
Zu Fasching bekommt man viele Süßigkeiten, und man kann eben mehr erleben. Ein Erwachsener muss arbeiten, hat wenig Zeit für seine Kinder und die Kinder haben mehr Zeit und können im Garten spielen. **Stört dich was am Kindsein?** Wenn man nicht beachtet wird.

Stell dir mal vor, du bist erwachsen. Wie bist du, was machst du?
Na ja, dann würde ich mir eine Arbeit suchen, wenn ich frei hab, würde ich viel mit den Kindern unternehmen, wenn sie wollen.

Was ist dein allergrößter Wunsch?
Mein allergrößter Wunsch ist einen Zauberstab zu haben, dann könnte ich die Welt ein wenig besser machen.

Wo siehst du die größten Probleme in der Welt?
Das größte Problem sind die Menschen. Sie machen die Natur kaputt und schaden sich selber. Sie töten Tiere, nur weil Sachen an ihnen besonders sind. Ich möchte nur, dass die Welt gesund ist, Mensch und Tier sollen zusammenkommen. Und dass Menschen andere Menschen umbringen, finde ich auch ganz schlimm.

Glaubst du an Gott?
Ja, ich glaube an Gott. Wenn ich mal weinen muss, dann finde ich so 'ne Kraft, dann werde ich einfach ruhig. Und beim Einkaufen, wenn ich die Mama verlier, dann spür ich einfach so 'ne Kraft, die mir hilft, sie zu suchen und Mut, dass ich nicht mitgenommen werde. **Wie stellst du ihn dir vor?** Na ja, Gott hat ein weißes Gewand, wie Engel eben, und eben halt glaub ich so lange Haare, dann hat er noch einen Bart, und seine Haut ist weiß und ich stell ihn mir vor wie Engel mit Flügeln, und das Himmelszelt ist sein Zuhause.

Was war das Tollste, was dir je passiert ist?
Das ist immer wenn ich mit der ganzen Familie zusammensitze, zum Beispiel an Weihnachten, jemand liest was vor, das zur Stimmung passt.

Wenn du Chef von Deutschland wärst, was würdest du machen, worum würdest du dich kümmern?
Ich würde mich darum kümmern, dass es Mensch, Tier und Pflanzen gut geht und dass keine Abgase da sind und auch dass man nicht so lang arbeiten darf.

JULIA, 9 JAHRE

Erzähl mal, was du so machst, wenn du mit den Hausaufgaben fertig bist.
Ich ruf ich meine Freunde an, dann spielen wir zusammen und an den Computer dürfen wir auch. Wenn ich nach der Schule nach Hause komm, hock ich mich erstmal aufs Sofa und guck »Auf und davon« an, und dann üb ich 'n bisschen Mathe und Deutsch, wenn ein Test kommt, dann übe ich eher mehr. Ich spiele manchmal am Computer, aber ich spiel zu lang am Computer, also darf ich nicht mehr so lang, außer wenn ich wieder gute Noten kriege, mehr Einser. Und dann les ich noch sehr gern und dann geh ich schlafen, immer um acht, weil um acht haben wir ja schon wieder Schule. Alle meine Freunde ich und ich wohnen im gleichen Block.

Wieso sind Freunde wichtig im Leben?
Ja, wenn man alleine ist, dann macht auch das Leben keinen Spaß, dann kann man sich nicht unterhalten mit niemandem, außer mit der Familie, und wenn ich mal Zoff hab und keine Freunde habe, dann ist's auch 'n bisschen dumm.

Wovor fürchtest du dich?
Dass ich vom Pferd runterfalle, das ist mir schon einmal passiert. Und wenn mir mein Bruder das Gesicht im Internet zeigt, das ist so ein ganz ekliges Gesicht. Es gibt da so ein Spiel, mein Vater hat das mal gespielt, und mein Bruder hat gesagt, ja spiel das doch. Da muss man sich ganz konzentrieren, dann geht man so ganz nah an den PC und dann kommt so ein ganz wüstes Gesicht. Wenn er allein sein will, dann

druckt er das Gesicht aus und hängt es an seine Zimmertür. Und wenn ich 'ne schlechte Note kriege, dann krieg ich auch Angst. Aber ich hab gute Noten im Zeugnis.

Was kannst du richtig gut?
Ich kann ganz gut reiten – ich geh schon ein paar Jahre reiten –, Freunde finden, ich hab auch sehr viele Freunde und ich kenn mich gut mit dem Computer aus. Im Schach überwiege ich immer meinen Bruder und meinen Vater. Und ich kenn mich gut mit elektronischen Geräten aus, zum Beispiel mit einem Handy. Naja, vieles kann ich gut. **Was würdest du gerne besser können oder an dir anders haben wollen?** Also, ich läster sehr viel über meine Freunde oder über Lehrer, die grad nicht nett zu mir waren. Da hab ich auch so 'ne Freundin, wir sind Lästerschwestern. Das will ich einfach nicht mehr. Ich will damit aufhören. Ich arbeite schon hart dran.

Welchen Beruf kannst du dir für dich vorstellen?
Tierärztin, denn ich bin sehr tierlieb. Entweder Kindergärtnerin, meine Mutter ist das auch schon. Ich mag total kleine Kinder, mit denen ich spielen kann.

Gibt es was, was die Deutschen richtig gut können?
Die machen richtig viel Karneval, zum Beispiel in Berlin oder so was. Ich mag das, weil da immer so große Umzüge sind, in Polen machen sie das nicht. Und an Halloween machen die das hier auch sehr groß, in Polen kennen die so was gar nicht. **Gibt es Dinge, die andere Länder besonders gut machen?** Ja, Thailand. Wo wir im Hotel waren, da sind die Leute so nett, die haben mich voll gemocht.

Was gefällt dir am Kindsein?
Meine Mutter muss immer noch früher als ich aufstehen und das Essen machen, dann kann ich 'n bisschen länger schlafen. Ich hab mehr Zeit, dass ich draußen spielen kann und so. Und Erwachsene müssen immer lange arbeiten, was erledigen, ausrechnen oder so was. **Stört dich was am Kindsein?** Ja. Meine Mutter hat immer voll früh aus und das find ich doof. Früher als ich.

Stell dir mal vor, du bist erwachsen. Wie bist du, was machst du?
Mein Tag ist gut, nicht so hektisch. Bei den Erwachsenen ist nicht alles so hektisch. Ich will nicht so viel Stress haben. Dass ich nicht das und das und das machen muss, auf einmal, so wie jetzt als Kind: Erst muss ich mein Zimmer aufräumen, dann den Müll raustragen und dann muss ich meiner Mutter helfen und meinem Vater. Wenn ich erwachsen bin und Kinder habe, falls ich welche bekomme, wenn die die ganze Zeit nur schreien und schreien, ganze Nächte lang, bis sie erwachsen sind, das möchte ich nicht, das macht mein Leben hektischer.

Was ist dein allergrößter Wunsch?
Dass ich 'n guten Job krieg, 'n gutes Abitur mache, meine ganze Familie gesund bleibt, dass nicht mehr so viele von meiner Familie sterben. Meine Oma ist auch schon ein bisschen alt, aber die ist noch nicht mal sechzig.

Wo siehst du die größten Probleme in der Welt und warum?
Dass es zum Beispiel in Afrika nicht genug zu Trinken oder Essen gibt. Dass sich manche Leute so ärgern und sich schlagen und das alles. Und dass so viele immer in den Knast kommen. Und dass auch alles so teuer irgendwie wird, alles wird teurer, Benzin auch. Dass Familien nicht mehr genug Geld haben, wenn die Familie größer wird.

Glaubst du an Gott?
Ja. **Wie stellst du ihn dir vor?** Ich weiß nicht, wie ich ihn beschreiben soll. Der hat halt ein weißes Gewand an, so was. Dass er halt schön aussieht.

Was war das Tollste, was dir je passiert ist?
Dass ich neue Freunde gefunden hab. Dass ich den Nintendo DS bekommen habe. Und dass ich so 'ne gute Familie habe. Dass wir an Weihnachten den schönsten Baum gehabt haben. Und wenn die ganze Familie zusammen ist und wir einen Film anschauen, das ist halt schön.

Wenn du Chef von Deutschland wärst, was würdest du machen, worum würdest du dich kümmern?
Dass es nicht so viel Streik gibt, dass die Arbeiter, die streiken möchten, mehr Geld verdienen. Dass die Schule genug Geld hat.

HENRIETTA, 8 JAHRE

Erzähl mal, was du so machst, wenn du mit den Hausaufgaben fertig bist. Ich gehe nach draußen und fahre mit dem Fahrrad. Dann hole ich noch meine Freunde ab. Wenn es regnet, dann geh ich heim und spiele mit Pollys, da hab ich noch ein Häuschen dafür. Ich bin im Ballett.

Wieso sind Freunde wichtig im Leben? Weil man sonst alleine ist. Dann wird einem langweilig. Außerdem ist man dann traurig, weil andere jemanden zum Spielen haben und man selber nicht.

Wovor fürchtest du dich? Vor Gruselfilmen. Da gibt's immer so gruselige Sachen drin. Wenn ich schlafen gehe und das Licht aus ist, denke ich manchmal, dass etwas Gruseliges kommt. Dann stelle ich mir vor, da kommt auf einmal ein schwarzer Mensch oder so was.

Was kannst du richtig gut? Ballett. Mathe. **Was würdest du gerne besser können oder an dir anders haben wollen?** Nichts.

Welchen Beruf kannst du dir für dich vorstellen? Weiß ich nicht.

Gibt es was, was die Deutschen richtig gut können? Deutsch?! **Gibt es Dinge, die andere Länder besonders gut machen?** Ja, Russland! Ballett! Das haben die auch erfunden und können es da besser.

Was gefällt dir am Kindsein? Ich kann besser lernen. **Was stört dich am Kindsein?** Wenn mir langweilig ist, dann schau ich meistens Fernsehen und dann ist mir trotzdem langweilig.

Stell dir mal vor, du bist erwachsen. Beschreib, wie du bist. Ich bin dann größer. Manchmal geht es mir schlecht und manchmal gut. Manchmal muss ich arbeiten und arbeiten und arbeiten. Manchmal habe ich keine Zeit für die Kinder und dafür, auf sie aufzupassen. Dann müssen Omas und Opas auf sie aufpassen. Manchmal hat man so eine Arbeit, dass man gar nicht mehr nach Hause kommt – vielleicht einmal im Jahr oder so. Dann hat man zwar eine richtig gute Arbeit, kann aber nur einmal im Jahr seine Familie besuchen, weil man ganz weit weg ist. Das will ich lieber nicht, weil man keine Familie bei sich hat, sondern nur Arbeitsfreunde.

Was ist dein allergrößter Wunsch? Dass ich mich nicht mit meinen Freunden streite! Weil, irgendwann streiten wir so sehr, dass wir keine Freunde mehr sind. Wenn man sich dann mit all seinen Freunden zerstritten hat, dann hat man überhaupt gar keine Freunde mehr. Dann bin ich sehr traurig. Man muss sich dann irgendwie verändern, damit die Freunde wieder bei einem sein können.

Wo siehst du die größten Probleme in der Welt? Ein Vulkanausbruch zum Beispiel. Oder wenn jemand stirbt aus der Familie oder das Tier. Mir ist das schon passiert: mein Opa ist gestorben und meine Katze Tom.

Glaubst du an Gott? Ja. **Wie stellst du ihn dir vor?** Ja! Ich denke, er hat einen weißen Umhang, wie die Leute früher welche anhatten, und er hat braune Haare und so 'nen Bart.

Was war das Tollste, was dir je passiert ist? Meine ersten Schritte! Da hab ich mich richtig gefreut!

Wenn du Chef von Deutschland wärst, was würdest du machen, worum würdest du dich kümmern? Dass die Eltern mit der Familie Zeit verbringen können. Dass man kein Papier auf den Boden schmeißen darf, sonst gibt's eine Weltverschmutzung. Dass jeder ein Haus hat und jeder Geld hat.

Soul Surfing
FOR ALL THE PEOPLE WHO BELIEVE IN LOVE

Girls
Campus

KOLLE, 8 JAHRE

Erzähl mal, was du so machst, wenn du mit den Hausaufgaben fertig bist. Ich lese ein Buch, höre Musik oder wiederhole, was ich noch nicht richtig kann. Meine Mutter hilft mir in Mathematik und mein Vater hilft mir in Deutsch.

Wieso sind Freunde wichtig im Leben? Dass man Spaß hat, dass man sich austauscht, sich Geheimnisse erzählt und sich vertraut.

Wovor fürchtest du dich? Ich fürchte mich vor Spinnen. Manchmal, wenn ich einen Gruselfilm angucke, fürchte ich mich vor Zombies.

Was kannst du richtig gut? Ich kann singen und tanzen. **Was würdest du gerne besser können oder an dir anders haben wollen?** In Mathematik würde ich gerne besser sein, und ich will mal lange Haare haben bis zum Rücken.

Welchen Beruf kannst du dir für dich vorstellen? Sängerin, Tänzerin, weil ich kann singen und tanzen. Meine Stimme find ich toll, aber ich weiß nicht, ob meine Eltern und andere Leute die toll finden. Oder ich arbeite in der Bank, weil Mathematik ist doch was mit Bank, und da kriegt man 'ne gute Belohnung und kann viel rechnen und viel schreiben.

Gibt es was, was die Deutschen richtig gut können? Ja, die bauen gute Städte, gute Häuser und die können gut Deutsch sprechen.

Gibt es Dinge, die andere Länder besonders gut machen? In Afrika ist die Kultur gut und das Essen. In meinem Land gibt es Früchte ohne Fett und es gibt dieses Brot, das ist ohne Fett und schmeckt trotzdem lecker und ist gesund. Und es gibt diese Milch. Die schmeckt auch gut. Aber da ist auch Zucker drin, nicht so viel, 'n bisschen.

Was gefällt dir am Kindsein? Man kann Spiele spielen und muss nicht Stress haben. Wenn meine Mutter nach Hause kommt, dann hat sie Kopfschmerzen wegen der Arbeit und so. Wenn man Kind ist, darf man machen, was man will. Als Erwachsener nicht. **Was stört dich am Kindsein?** Mich stört, wenn die Kinder sich beleidigen und Schimpfwörter sagen. Mir ist das mal rausgerutscht. Da war so ein Junge, der hat mich so genervt, da musste ich was sagen. Aber dann hat es mir leid getan und ich hab mich entschuldigt.

Stell dir mal vor, du bist erwachsen. Beschreib, wie du bist. Ich will Kinder haben. Ich will 'n guten Job haben. Ich will nicht rauchen und nicht trinken. Aber ein Glas Wein kann ich schon trinken.

Was ist dein allergrößter Wunsch? Dass ich Sängerin werde, und wenn ich das nicht schaffe, dass ich in der Bank arbeite.

Wo siehst du die größten Probleme in der Welt? Die Verschmutzung, dass es so viele Autos gibt und die Leute Müll rumwerfen. **Was kann man dagegen tun?** In ein paar Städten kann man sagen: »Hier gibt es keinen Müll.« Und wenn es einer trotzdem macht, kriegt er eine Verwarnung. Und wenn er es ein zweites Mal macht und ein drittes Mal macht, muss er bezahlen.

Glaubst du an Gott? Ja. **Wie stellst du ihn dir vor?** Er hat einen Bart und ein weißes Kleid. Kein Mädchenkleid, sondern ein Männerkleid, und er hat bestimmt Haare, braune Augen und weiße Zähne und 'ne spitze Nase.

Was war das Tollste, was dir je passiert ist? Dass ich 'n Computer gekriegt habe. Das war schön, weil ich jetzt viel mehr machen kann, als nur singen und tanzen. Ich kann mit dem Computer lernen. Mein Vater bringt es mir bei.

Wenn du Chef von Deutschland wärst, was würdest du machen, worum würdest du dich kümmern? Ich würde mich um die armen Kinder kümmern. Ich würde Geld auftreiben für die armen Kinder in Afrika, Indien und natürlich in Deutschland. Ich würde einen Zug bauen, der schön ist und keine Verschmutzung macht.

MURIEL, 9 JAHRE

Erzähl mal, was du so machst, wenn du mit den Hausaufgaben fertig bist.
Ich spiel mit meinen Freundinnen. Ich ruf die an, und wenn sie keine Zeit haben, dann spiel ich mit meinem Kater Willi. Ich bin im Mädchenturnen und hab mal Jazztanz gemacht.

Wieso sind Freunde wichtig im Leben?
Man hat jemand, mit dem man reden kann, sagen kann, was man nicht jedem erzählen will. Wenn sie gute Freunde sind, kann man ihnen vertrauen. Wenn man sich nicht mit den Falschen abgibt, dann wird man auch nicht reingelegt.

Wovor fürchtest du dich?
Vor einer Roboterstimme. Ich hab's mal im Fernsehen gesehen, da war ich vier, und die geht mir nicht mehr aus dem Kopf. Die war so todkrank ...

Was kannst du richtig gut?
Mit meinem Kater spielen, mit dem kuscheln, und ich kann etwas tanzen. **Was würdest du gerne besser können oder an dir anders haben wollen?**
Mathe, das kann ich nicht so gut.

Welchen Beruf kannst du dir für dich vorstellen?
Schauspielerin. Ich war schon mal im heute-journal. Und meine Mutter wollte unbedingt, dass ich in so einer Serie eine Gastrolle habe. Ich weiß noch nicht, ob's klappt.

Gibt es was, was die Deutschen richtig gut können?
Deutsch sprechen und Sachen erfinden. **Gibt es Dinge, die andere Länder besonders gut machen?** In China bauen sie Sachen gut nach.

Was gefällt dir am Kindsein?
Man hat noch nicht diese Arbeit um die Ohren. Man kann mehr Freizeit haben, muss halt nur für die Schule lernen. Kind ist einfach besser als erwachsen. **Was stört dich am Kindsein?** Ich muss immer mein Zimmer aufräumen. Wir haben zwei Katzen und die muss ich füttern, abwechselnd mit meiner Schwester. Dann muss ich das halbe Haus putzen, meine Schwester das andere halbe Haus. Weil Mama und Papa haben so viel um die Ohren zurzeit.

Stell dir mal vor, du bist erwachsen. Wie bist du, was machst du?
Groß und fleißig. Reich, wenn ich Schauspielerin werde, und hübsch. Keine Ahnung.

Was ist dein allergrößter Wunsch?
Dass die armen Kinder von Afrika ein besseres Zuhause kriegen.

Wo siehst du die größten Probleme in der Welt?
Die armen Kinder in Afrika, die Armut. **Was kann man dagegen tun?** Man sollte Patenkinder machen und kann auch Geld spenden.

Glaubst du an Gott?
Ja, manchmal. **Wie stellst du ihn dir vor?** Er hat einen Bart, braune Haare und ziemlich viele Falten. Er guckt von Wolke 7 auf mich runter.

Was war das Tollste, was dir je passiert ist?
Dass ich hier auf die Schule gekommen bin, dass ich geboren bin und dass ich gleich so viele Freunde gefunden hab.

Wenn du Chef von Deutschland wärst, was würdest du machen, worum würdest du dich kümmern?
Ich würde den armen Kindern, die aus Deutschland sind, ein Zuhause geben. Die Deutschen sollen nicht mehr so zickig sein zu den anderen Ländern.

KIRA, 8 JAHRE

Erzähl mal, was du so machst, wenn du mit den Hausaufgaben fertig bist.
Dann spiel ich meistens mit meinen Freunden, schaukeln, oder wir spielen, dass wir Feen sind und die Welt retten. Am Wochenende spiel ich meistens mit meiner Schwester. Einmal die Woche geh ich zum Voltigieren.

Wieso sind Freunde wichtig im Leben?
Weil, wenn man keine Freunde hätte, dann wär man immer ganz allein und wüsste nicht, was man tun sollte. Ich könnte mir ein Leben ohne Freunde nicht vorstellen oder vielleicht nur eine in Amerika, das könnte ich mir nicht vorstellen.

Wovor fürchtest du dich?
Vor der Dunkelheit. Weil manchmal guck ich Filme an und wenn ich dann nachts auf Klo muss, dann denk ich: O je, in dem Film waren Aliens, vielleicht kommen jetzt Aliens hier rein!

Was kannst du richtig gut?
Voltigieren. Ich will jetzt nicht angeben – ich bin noch nicht so lange da, es gibt Kinder, die sind schon viel länger da –, aber ich muss sagen, ich mach die meisten Sachen besser als die. Ich kann's irgendwie! **Was würdest du gerne besser können oder an dir anders haben wollen?** Ja, ich hab nicht so 'ne schöne Schönschrift. Ich kann's schon irgendwie, aber nicht so schön.

Welchen Beruf kannst du dir für dich vorstellen?
Irgendwas mit Tieren vielleicht. Ich mag sehr gerne Tiere. Ich wünsch mir auch ein eigenes Pferd. Ich hatte fünf Hasen und zwei Katzen. Eine ist weggelaufen. Und der Fuchs hat den Hasenkäfig aufgemacht und die sind jetzt auch weg.

Gibt es was, was die Deutschen richtig gut können?
Ich kenn mich nicht so gut aus. **Gibt es Dinge, die andere Länder besonders gut machen?** In Spanien können sie gut auf Bullen reiten. Das können wir Deutschen nicht so gut.

Was gefällt dir am Kindsein?
Man kann mehr spielen als die Erwachsenen, weil die müssen ja immer arbeiten und so. Ich will auch nicht so schnell erwachsen werden, weil man schneller Freunde findet, wegen der Schule, und es ist ganz schön, wenn man mit denen spielen kann. **Stört dich was am Kindsein?** In Freizeitparks darf man manche Sache nicht fahren, weil wir zu klein sind oder noch nicht alt genug.

Stell dir mal vor, du bist erwachsen. Wie bist du, was machst du?
Wenn wir mal annehmen, ich hätte 'ne Arbeit, wo ich den halben Tag arbeiten müsste, dann würde ich um acht zur Arbeit fahren und um drei zurückkommen. Wenn ich Kinder hätte, würde ich sie von der Schule abholen und mit ihnen Hausaufgaben machen. Dann würde ich denen Essen machen und ein bisschen aufräumen in der Wohnung. Danach würde ich warten, bis mein Mann nach Hause kommt, wenn der eine lange Arbeit hat. Das wär dann abends und wir könnten abendessen. Meine Kinder dürften noch ein bisschen spielen und würden dann ins Bett gehen. Ich würde mit meinem Mann noch einen Film anschauen.

Was ist dein allergrößter Wunsch?
Meine Eltern sind ja getrennt. Ich wünsch mir ganz arg, dass die wieder zusammenkommen.

Wo siehst du die größten Probleme in der Welt?
Ich finde es schlimm, wenn die Eltern sich trennen und es keine Liebe auf der Welt gibt. **Was kann man dagegen tun?** ---

Glaubst du an Gott?
Ja. **Wie stellst du ihn dir vor?** Mit 'nem Bart, kurze Haare, so bräunlich. Hat 'n weiß-braunes Gewand und so Sandalen an.

Was war das Tollste, was dir je passiert ist?
Mein Allerschönstes weiß ich jetzt nicht, es gibt so viele. Ich sag jetzt mal irgendeins: Wo ich meine Freunde kennengelernt habe. Das war im Kindergarten, da war ich erst ganz alleine. Und dann kam Janika zu mir und fragte, wer ich bin und ob ich mit ihr spielen will. Und dann sind wir zur Rutsche und ich hab sie gefragt: »Willst du meine Freundin sein?« Und sie hat »ja« gesagt.

Wenn du Chef von Deutschland wärst, was würdest du machen, worum würdest du dich kümmern?
Keine Schule! Nein, nein. Ist schon

richtig, dass es Schule gibt. Mal überlegen. Ich würde machen, dass zwei Wochen so lange dauern wie eine Woche. Dann kann ich meinen Papa öfters sehen. Ich bin nämlich jedes zweite Wochenende bei meinem Papa.

VANESSA, 9 JAHRE

Erzähl mal, was du so machst, wenn du mit den Hausaufgaben fertig bist. Mit meinem Bruder spielen, ein bisschen Fernsehen gucken, mich ausruhen. Ich spiele gerne Uno, Monopoly, Playmobil und Carcassonne. Und dann spiel ich noch manchmal draußen auf dem Spielplatz. Ansonsten spiel ich Klavier, mache Karate und Turnen.

Wieso sind Freunde wichtig im Leben? Wenn man sich gerade wehgetan hat, dass sie einem helfen. Und dass man Freunde zum Spielen hat. Und weil sie einem wichtig sind.

Wovor fürchtest du dich? Vor Jugendlichen! Weil sie mich immer so böse angucken, das macht mir halt Angst. Und weil sie sich immer prügeln, da hab ich Angst, dass sie mich auch prügeln.

Was kannst du richtig gut? Einrad fahren, Mathe, Sport, Karate, Klavier. **Was würdest du gerne besser können oder an dir anders haben wollen?** Ich würde gerne Französisch besser können und ich will auch Deutsch ein bisschen besser können.

Welchen Beruf kannst du dir für dich vorstellen? Bürgermeisterin! Weil wir halt einen Bürgermeister in unserer Straße haben und da sehe ich das manchmal, wie der das macht. Das hat mir gefallen und dann wollte ich das halt auch werden. Der tut immer 'ne Rede halten, sehr oft, der ist fast überall dabei und er verdient auch viel Geld.

Gibt es was, was die Deutschen richtig gut können? Fußball. **Gibt es Dinge, die andere Länder besonders gut machen?** Die Chinesen können besonders gut mit Stäbchen essen.

Was gefällt dir am Kindsein? Dann hab ich auch Spaß; dann kann ich auch in die Schule gehen, das macht mir auch Spaß. Es macht mir auch Spaß am Nachmittag die Hausaufgaben zu machen und danach zu spielen. **Stört dich was am Kindsein?** Ich bekomme manchmal Ärger mit den Größeren.

Stell dir mal vor, du bist erwachsen. Wie bist du, was machst du? Nett, fröhlich. Mein Tag sieht gut aus: Autofahren, kochen, bügeln, waschen, Betten machen, arbeiten.

Was ist dein allergrößter Wunsch? Dass meine allerbeste Freundin bleibt! Und dass die Familie immer zusammenbleibt.

Wo siehst du die größten Probleme in der Welt und warum? Krieg. Weil das gefährlich ist für die Menschen, weil die davon auch sterben können. Man könnte Gott bitten, dass es kein' Krieg gibt.

Glaubst du an Gott? Ja. **Wie stellst du ihn dir vor?** Nett, hilfsbereit, fröhlich.

Was war das Tollste, was dir je passiert ist? Als ich in die Schule gekommen bin!

Wenn du Chef von Deutschland wärst, was würdest du machen, worum würdest du dich kümmern? Um die Tiere! Wenn die kein Futter haben, würd ich ihnen etwas zu essen geben. Ich würde mich auch darum kümmern, dass immer mehr auch etwas zu essen haben und Geld haben.

KURT, 8 JAHRE

Erzähl mal, was du so machst, wenn du mit den Hausaufgaben fertig bist.
Spielen. Ich geh raus, spiel Fangi, treff mich mit meinem Freund. Spiel ein bisschen Verstecken. Dann spiel ich Handball und freitags geh ich in den Kroatisch-Unterricht.

Wieso sind Freunde wichtig im Leben?
Dass man nicht alleine ist und jemand zum Spielen da ist.

Wovor fürchtest du dich?
Mal überlegen. Ich fürchte mich vor manchen Tieren. Vor Löwen und so. Im Zoo hab ich einen gesehen.

Was kannst du richtig gut?
Malen, Basteln und das war's. **Was würdest du gerne besser können oder an dir anders haben wollen?** Immer Einser in der Schule haben.

Welchen Beruf kannst du dir für dich vorstellen?
Polizist. Das ist eben cool, Leute verfolgen und so. Das spielen wir auch in der großen Pause.

Gibt es was, was die Deutschen richtig gut können?
Mal überlegen ... Ja. Sport, Handball, Fußball und Basketball. **Gibt es Dinge, die andere Länder besonders gut machen?** In Kroatien können sie gut kochen.

Was gefällt dir am Kindsein?
Dass man mehr darf als die Großen und dass man nicht arbeiten gehen muss. **Stört dich was am Kindsein?** Dass man manchmal rumgeschubst wird.

Stell dir mal vor, du bist erwachsen. Wie bist du, was machst du?
In Deutschland wohn ich, was ich mach, weiß ich nicht, also Polizei wär gut. Ich wohn in der Stadt mit meiner Familie. Vielleicht werd ich auch so groß wie mein Vater.

Was ist dein allergrößter Wunsch?
Millionär zu sein. Weil man da viel kaufen kann und Geld für später aufheben kann.

Wo siehst du die größten Probleme in der Welt und warum?
In Afrika, da stirbt oft ein Mensch. Und da wo Krieg ist.

Glaubst du an Gott?
Ja. **Wie stellst du ihn dir vor?** Also, so ein Meter sechzig groß, so ein Bart um den Mund, braune Augen, braune Haut und dass er ein weißes Gewand trägt.

Was war das Tollste, was dir je passiert ist?
Dass ich 'ne kleine Schwester hab. Die ist zuhause geboren. Und als ich die gesehen hab – das war schön.

Wenn du Chef von Deutschland wärst, was würdest du machen, worum würdest du dich kümmern?
Also erstmal dürfen nicht mehr so viele Flugzeuge fahren, weil die die Umwelt verpesten, und alle Autos müssten unter zehn Liter schlucken und dass manche Firmen abgerissen werden, weil es gibt zu viele.

MEKIN, 8 JAHRE

Erzähl mal, was du so machst, wenn du mit den Hausaufgaben fertig bist.
Dann guck ich manchmal Fernsehen oder schau in meinen Büchern nach, die mich interessieren oder so. Das mach ich nach den Hausaufgaben. Und wenn schönes Wetter ist, geh ich raus. Im Sommer spiel ich manchmal Basketball, wir spielen manchmal Fußball oder wir spielen Piraten. Ich geh auch zum Handball und Taekwondo.

Wieso sind Freunde wichtig im Leben?
Damit man die mal was fragen kann, oder man helfen kann. Die spielen mit ihnen, die helfen, die sind immer für jeden an seiner Seite.

Wovor fürchtest du dich?
Eigentlich vor nichts. Nur manchmal, wenn ich Sorgen hab, zum Beispiel wenn ich mir Sorgen mach: »Hoffentlich hab ich die Hausaufgaben nicht falsch«, oder so. Aber dann guck ich Fernsehen und schon sind die Sorgen weg – das beruhigt mich dann wieder.

Was kannst du richtig gut?
Richtig gut kann ich Sport, da hab ich im Zeugnis 'ne Eins minus. **Was würdest du gerne besser können oder an dir anders haben wollen?** Bloß, dass ich ein bisschen besser in Mathe werden könnte.

Welchen Beruf kannst du dir für dich vorstellen?
Erstens wollt ich mal Naturforscher werden, dann wollt ich mal Knochen ausgraben. Das interessiert mich, dass ich was Großes ins Museum bringe und so. Und bei der Naturforschung kann ich die ganzen Tiere sehen.

Gibt es was, was die Deutschen richtig gut können?
Ja. Das weiß ich aber im Moment nicht. **Gibt es Dinge, die andere Länder besonders gut machen?** Nö. Aber jedes Land macht was gut, jedes Land!

Was gefällt dir am Kindsein?
Dass man nicht erwachsen ist und bis spät in die Nacht arbeiten muss und nicht mitten in der Nacht aufstehen muss. Und dass ich immer Freizeit haben kann, weil die Erwachsenen haben ja fast nie Freizeit, oder? Die müssen immer arbeiten, arbeiten, nur manchmal haben die Freizeit. Man hat noch keine Sorgen, keine Schwierigkeiten. Wenn man erwachsen ist, hat man sehr viele Schwierigkeiten, zum Beispiel bei der Arbeit: man kann das nicht oder das nicht oder so. Ein Kind zu sein ist perfekt. **Stört dich auch was am Kindsein?** Was mich dran stört ist, wenn Kinder manche Sachen nicht gucken dürfen, die irgendwie ab 13 oder 14 geeignet sind, das nervt mich dran irgendwie.

Stell dir mal vor, du bist erwachsen. Beschreib, wie du bist.
Das weiß ich leider jetzt noch nicht, weil das kann ich nur herausfinden, wenn ich erwachsen bin. Ich könnte alle Filme gucken, die ich wollte, wie der Weiße Hai Teil 3, hab ich noch nie geguckt.

Was ist dein allergrößter Wunsch?
Mein größter Wunsch ist, dass es die Krankheiten überhaupt nie geben würde, dass man immer gesund bleibt und vor allem immer das kriegt, was man braucht oder wünscht.

Wo siehst du die größten Probleme in der Welt?
Die schlimmsten Probleme weiß ich leider nicht, aber bei der Schule sind die schlimmsten Probleme, wenn ich die Hausaufgaben nicht weiß oder denke: »Oh! Ich habe die Hausaufgaben nicht richtig! Was mach ich jetzt? Was mach ich jetzt?«

Glaubst du an Gott?
Ja. **Wie stellst du ihn dir vor?** Das weiß ich nicht, wie der aussieht. Er ist groß, er ist überall.

Was war das Tollste, was dir je passiert ist?
Dass ich 'ne Schwester gekriegt hab und dass ich 'n Fahrrad gekriegt hab, 'n großes. Ich musste das Fahrrad aber auch selber zahlen und das war das Schlechte dran. Meine Schwester ist noch klein, sie ist drei Wochen alt oder so was. Sie sieht so süß aus, so klein, kleine Fingerchen. Ich habe sehr viel Spaß mit ihr. Sie ist klein, süß und sie schläft nur.

Wenn du Chef von Deutschland wärst, was würdest du machen, worum würdest du dich kümmern?
Also, dass es nie mehr Streit gibt, nie was passiert und dass es nie Krieg gibt. Dass es nie so was gibt, weil das ist einfach grausam. Darum würd ich einfach sagen, dass es nie Krieg geben sollte. Man sollte auf einer Versamm-

lung ausrichten, dass es nie wieder Krieg geben soll, auch den anderen Ländern. Dann wären alle Probleme gelöst. Und dass die Räuber eingesperrt werden, die bösen Menschen halt. Und dass nie wieder Terror oder so was verbreitet werden darf, nie wieder! Weil das ist einfach schrecklich! Dann sterben Menschen, Häuser brennen, man hat Angst, nichts als Angst und man ist nie fröhlich. Und das sollte verhindert werden, jeden Tag!

DANIELE, 10 JAHRE

Erzähl mal, was du so machst, wenn du mit den Hausaufgaben fertig bist.
Ich geh spielen und spiel mit meine Freunde Fußball. Ich geh ins Training. Um sechs geh ich heim und dann geh ich Abendessen, dann les ich und dann bin ich fertig.

Wieso sind Freunde wichtig im Leben?
Dass du spielen kannst.

Wovor fürchtest du dich?
Wenn ich springen geh ins Schwimmbad, da hab ich Schiss.

Was kannst du richtig gut?
Fußball spielen. **Was würdest du gerne besser können oder an dir anders haben wollen?** Hausaufgaben, Schule und so muss ich lernen, is' klar.

Welchen Beruf kannst du dir für dich vorstellen?
Kfz-Mechaniker. Das kommt von meinem Vater her.

Gibt es was, was die Deutschen richtig gut können?
Können alles außer kochen. **Gibt es Dinge, die andere Länder besonders gut machen?** Nein.

Was gefällt dir am Kindsein?
Man kann spielen und du kannst besser leben. Kind zu sein macht Spaß. **Was stört dich am Kindsein?** Ich find alles gut.

Stell dir mal vor, du bist erwachsen. Beschreib, wie du bist.
Hier in Deutschland leb ich und hab eine Familie. In den Sommerferien geh ich nach Italien. Ich hab Arbeit.

Was ist dein allergrößter Wunsch?
Ein schönes Leben zu haben.

Wo siehst du die größten Probleme in der Welt?
Weiß nicht.

Glaubst du an Gott?
Ja. Ich muss mich dieses Jahr taufen und dann mach ich Kommunion. Meine Mutter und meine Oma haben eine andere Religion, die heißt Jehova, aber ich will jetzt Katholiker werden. Ich glaub an Gott, an Jesus, und nächsten Samstag hat mein Papi ein' Termin mit dem Pfarrer und dann lass ich mich taufen.

Was war das Tollste, was dir je passiert ist?
Einen schönen Tag haben, kein Streit haben.

Wenn du Chef von Deutschland wärst, was würdest du machen, worum würdest du dich kümmern?
Ich würde ein Meer bauen mit Strand, ein paar Bäume wegmachen, sonst passt ja nicht der Strand her.

JULIA, 8 JAHRE

Erzähl mal, was du so machst, wenn du mit den Hausaufgaben fertig bist. Am liebsten lese ich oder fahre mit dem Fahrrad oder Roller in der Gegend rum. In Korea habe ich koreanische Trommel gespielt. Jetzt mach freitags immer Zirkus in der Sporthalle.

Wieso sind Freunde wichtig im Leben? Weil sie helfen einem. Es ist nicht langweilig, man kann mit ihnen spielen und sie machen die Zeit kürzer.

Wovor fürchtest du dich? Manchmal wenn Mama und Papa am Abend gehen und sie haben einen Babysitter dagelassen für meine Brüder, den ich nicht so gut kenne. Dann soll ich schlafen und dann kann ich meistens nicht einschlafen. Oder wenn ich abends ein Buch gelesen habe und ich wusste nicht, dass da was Gruseliges drin vorkommt und da muss ich das irgendwie vorblättern. Aber Vorblättern ist doof, weil dann weiß ich ja nicht, wie es weitergeht. Dann muss ich das halt lesen und danach kann ich nicht schlafen.

Was kannst du richtig gut? Ich kenne das Alte Testament fast auswendig. Wir sind jüdisch und mein Papa gibt mir jeden Abend ein bisschen Unterricht mit dem Alten Testament, damit ich so werde wie er. Weil mein Vater ist in Israel geboren und ich auch. Mein Vater hat gesagt, das Neue Testament soll ich auch lernen, weil Jesus war ja Jude und das hat was mit Israel zu tun. **Was würdest du gerne besser können oder an dir anders haben wollen?** Ich wünschte manchmal, ich wäre größer, weil ich hab ein paar Kleidchen im Schrank, da muss ich noch reinwachsen und das dauert noch ein bisschen. Und damit ich mich auch wehren kann. Und ich hätte gerne ein eigenes Zimmer, das ich auch abschließen kann, weil meine drei Brüder, die sind so was von nervig. Ich bin die Älteste. Aber wir haben nicht genug Schlafzimmer.

Welchen Beruf kannst du dir für dich vorstellen? Ärztin. Meine Mutter ist Ärztin und sie erzählt mir sehr viel davon. Ich möchte den Körper von innen richtig kennenlernen.

Gibt es was, was die Deutschen richtig gut können? Ich hab noch nie darüber nachgedacht. **Gibt es Dinge, die andere Länder besonders gut machen?** Ich bin halb Deutsche, halb Jüdin. Auch wenn ich viel in Israel bin, bin ich nicht so verbunden mit Israel. Ich bin mehr mit Deutschland verbunden. In Israel, also die jüdischen Leute teilen die Tiere in zwei Gruppen. Die einen dürfen sie essen, die anderen nicht. Tiere mit gespaltenen Hufen dürfen sie essen, die anderen nicht. Meine Freundin ist Jüdin und hat zwei Krankheiten. Sie kann sowieso sehr wenig essen und jetzt muss sie sich auch noch an diese Essregeln halten!

Was gefällt dir am Kindsein? Ich darf Sachen machen, die Erwachsene nicht dürfen. Ich bin die Älteste und da werd ich auch schneller erwachsen und darf immer mehr machen. **Stört dich was am Kindsein?** Erwachsene dürfen Sachen machen, die Kinder nicht machen dürfen, aber dafür dürfen Kinder ja andere Sachen machen. Deswegen möchte ich lieber ein Kind sein, aber auch erwachsen werden.

Stell dir mal vor, du bist erwachsen. Wie bist du, was machst du? Am Morgen will ich zur Arbeit gehen und am Abend will ich nach Hause kommen. Ich will keinen Nachtdienst haben, weil wenn ich Kinder habe, dann will ich sie ja auch mal sehen. Ich möchte zwei Kinder haben und mich mit meinem Mann abwechseln. Eine Woche arbeitet er, eine Woche arbeite ich, damit die Kinder auch zwei Sprachen lernen. Manchmal würde ich mir auch Ferien nehmen, damit ich mit meinem Mann und den Kindern Ausflüge machen kann. Aber was doof ist, man muss das Huhn mit den vielen Knochen mit Gabel und Messer essen und das kann ich nicht. Ich mach das jetzt schon ganz oft, aber das geht so schwer. Mittwoch ist der Tag, wo wir Huhn essen. Da essen wir das zuhause zum Abendessen und da muss ich Messer und Gabel nehmen.

Was ist dein allergrößter Wunsch? Ein eigenes Zimmer zu haben und meine Freundin wiederzusehen und mit ihr in dem eigenen Zimmer sein und es abschließen können.

Wo siehst du die größten Probleme in der Welt?
Krieg, Zerstörung von Häusern. Wenn Menschen ihrer Häuser verlieren, das find ich gar nicht okay. Und dass manche Kinder ihr Essen, wenn sie es nicht mögen, einfach in'n Abfalleimer schmeißen. Und ich find es nicht okay, dass wegen einer klitzekleinen Sache Streit ausbricht zwischen zwei Männern und der eine bringt den anderen um. Und wenn man eingreift, kann es sein, dass man auch verletzt wird.

Glaubst du an Gott?
Weiß ich nicht. **Wie stellst du ihn dir vor?** ---

Was war das Tollste, was dir je passiert ist?
Als ich meine beste Freundin gefunden habe.

Wenn du Chef von Deutschland wärst, was würdest du machen, worum würdest du dich kümmern?
Ich würde dafür sorgen, dass es allen Bewohnern gut geht und dass keiner Not leidet, und ich würde das Land verteidigen, wenn es angegriffen wird.

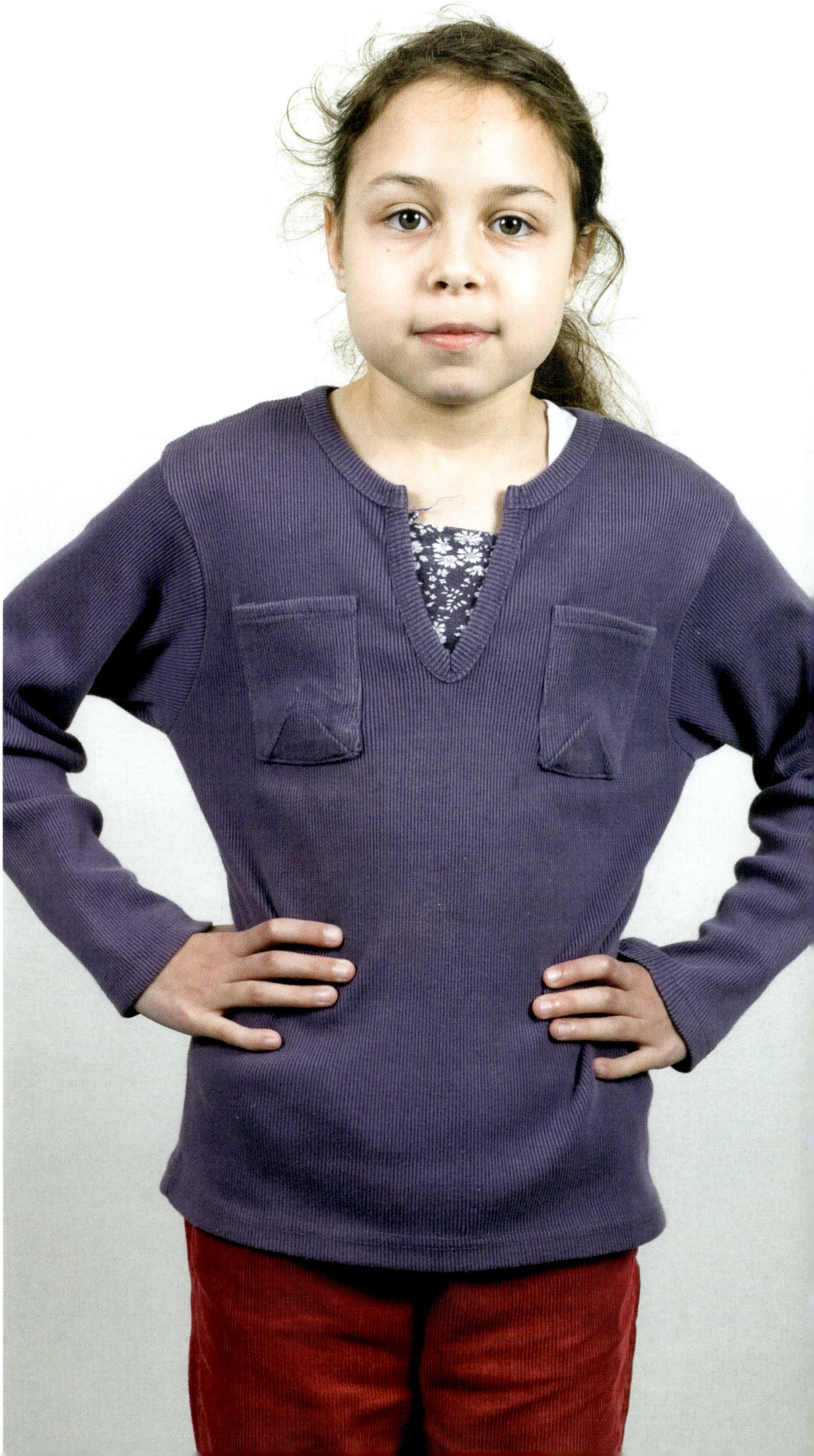

MARION, 9 JAHRE

Erzähl mal, was du so machst, wenn du mit den Hausaufgaben fertig bist. Ich warte, bis eine meiner Freundinnen fertig ist, und dann rufe ich sie an oder sie mich. Wir spielen dann draußen und fahren Fahrrad. Wenn es regnet, lese ich sehr gerne eine Buch, mit dem ich noch nicht fertig bin. Ich singe im Kinderchor und turne in der Turnhalle mit drei Freundinnen.

Wieso sind Freunde wichtig im Leben? Weil sie einem helfen, wenn man in der Not ist. Zum Beispiel, wenn man Klettern geht, der eine stürzt ab, hält sich grad so fest, dann sind Freunde da, dem wieder hochzuhelfen.

Wovor fürchtest du dich? Ich weiß zwar, dass es solche Zeichentrickfilme nicht in echt gibt, aber manchmal fürchte ich mich, alleine nach oben zu gehen zum Zähneputzen, davor dass da jemand lauert oder mich erschreckt. Ich hasse es nämlich fürchterlich, wenn man mich erschreckt. Manchmal erschrecke ich auch selber jemanden, um zu sehen, wie gut ich im Erschrecken bin. Aber Angst habe ich, wenn ich alleine oben bin und im Bett liege und die Stimmen nicht mehr höre, oder Papas Knacken, wenn er Steine knackt, der sammelt Mineralien und hat schon eine sehr, sehr große Sammlung. Dann fühle ich mich ganz allein, wenn ich keine Stimmen höre und habe ganz viel Angst.

Was kannst du richtig gut? Fahrradfahren, besonders das Absteigen während der Fahrt! Das übe ich im Moment privat, wenn es keiner sieht. Im Lesen bin ich auch sehr schnell. Aber auch im Zählen und im Lustigmachen. Zum Beispiel wenn wir Verstecken spielen und ich bis dreißig zählen muss, dann mach ich: »Eiins, zwweeii, drei, ach was kommt denn jetzt? ach ja die Fünf, nein die Vier!« und so weiter. So lasse ich meinen Freunden richtig viel Vorsprung. **Was würdest du gerne besser können oder an dir anders haben wollen?** Dass ich besser Rad machen kann, das verweigere ich immer, da muss ich in meinem Kopf einen guten Strich haben und kann meine Hände aufstemmen. Aber dann verweigere ich, weil ich Angst habe, dass ich nach vorne fliege und mit dem Rücken auf den Boden knalle.

Welchen Beruf kannst du dir für dich vorstellen? Tierärztin! Weil wir eine Katze haben, besser gesagt zwei Katzen, eine ist verunglückt an der Katzenseuche. Das ist aber schon sehr, sehr lange her. Und ich will mal wissen, wie das ist, keine Assistentin zu sein, sondern mal schauen, wie es im Ohr ist. Dann so was drauftackern, dass man markiert, wessen Katze es ist. Das wollte ich schon immer mal werden, seit ich klein bin.

Gibt es was, was die Deutschen richtig gut können? Besonders die Frauen können gut Fußball spielen. Weil ich auch sehr gerne Fußball spiele, wenn jemand dabei ist, die auch gerne Fußball spielt. Sie stellen – aber das tun vielleicht andere auch – sehr gute Sachen her, wie zum Beispiel Schokolade. Das finde ich an den Deutschen gut, dass es so viele Fabriken gibt. **Gibt es Dinge, die andere Länder besonders gut machen?** Ja, da gibt's schon … Italien oder die Fahrradfahrer aus anderen Ländern – ich habe das zwar nie geschaut, aber die können auch sehr gut Fahrrad fahren. Und bei Ferrari-Rennen, was mein Papa immer schaut, werden die auch mal Zweiter oder Dritter.

Was gefällt dir am Kindsein? Da kann man noch mal richtig überlegen, was man später wird. Wenn man eine Uroma ist, weiß man gar nicht, was man weiter macht. Als Kind kann man richtig planen, was man tun würde. Was man in seinem neuen Leben anfängt, in seiner Zukunft. Zum Beispiel könnte man auch Präsident werden! Wenn es ein richtiger Kindertraum wäre, kann man schon mal sagen, was man ändern möchte und was einem nicht so gut gefällt, zum Beispiel dass alle Essen und Trinken haben sollen. Und jeder sollte großzügig und nicht egoistisch sein. Dann kann man sich schon mal überlegen, wenn man das wirklich werden würde, was man dann sagen würde. **Stört dich was am Kindsein?** Man wird klein behandelt, darf man fast nichts alleine machen. Da muss immer jemand Großes dabei sein – das ist ja auch zur Sicherheit –, trotzdem finde ich es gemein, wenn man sagt: »Das kann ich aber«, und wenn man es dann trotzdem nicht darf.

MARION, 9 JAHRE

Stell dir mal vor, du bist erwachsen. Wie bist du, was machst du?
Ich würde, wenn ich Kinder bekäme, bis zur zweiten Klasse mal aufhören mit dem Beruf und würde mich um sie kümmern. Dann würde ich ihnen beibringen, wie sie den Schlüssel gebrauchen. Ich würde auch so oft wie möglich versuchen bei meinen Kindern zu sein und nicht nur Arbeit und Arbeit! Da kann man nämlich ganz schön müde werden, und Kinder brauchen Eltern.

Was ist dein allergrößter Wunsch?
Dass es keinen Krieg mehr gibt! Denn ich hasse Kriege so richtig! Die können einem nämlich voll auf die Nerven gehen, die Kriege. Und dass Kinder Essen und Trinken bekommen! Selbst arme Kinder, die bekommen ja fast gar nichts!

Wo siehst du die größten Probleme in der Welt und warum?
Dass Kinder als Soldaten antreten müssen in anderen Ländern, zum Beispiel Israel, das habe ich mal gesehen im Fernsehen. Und dass sie sehr Schlimmes tun müssen! Wenn es einen Bettlerkönig gäbe, und die armen Kinder quälen würde, wäre das ein richtiges Problem, und wäre damit gar nicht einverstanden.

Glaubst du an Gott?
Klar! Denn es gibt ganz viele Wunder und die kommen von Gott! **Wie stellst du ihn dir vor?** Im Moment habe ich mir die Sonne vorgestellt, so als ganz großer Lichtschein. Aber so richtig kann ich mir Gott nicht vorstellen.

Was war das Tollste, was dir je passiert ist?
Da gibt's viele Sachen! Zum Beispiel dass ich jetzt hier sitze und vielleicht später bei dem Projekt mitmache! Es war auch ein gutes Gefühl, als ich auf dem Eis stand zum ersten Mal. Bei der Weihnachtsfeier stand ich auch mit Lampenfieber vor vielen Leuten und habe gedichtet. Das war zwar das Schönste, aber es war auch nervenkillend.

Wenn du Chef von Deutschland wärst, was würdest du machen, worum würdest du dich kümmern?
Dass es einen ganz großen Rasen gibt mit Bäumen, denn Bäume stehen für Luft, und dass keine Häuser gebaut werden. Mir gefällt das gar nicht, wenn Bäume abgesägt werden! Wir haben zwar etwas Warmes für den Winter, aber es gefällt mir gar nicht, weil ich dann Angst habe, dass plötzlich alle Bäume aussterben und wir keine Luft mehr haben. Und deshalb würde ich einen Rasen machen, mähen, säen und so. Und dafür sorgen, dass da auch Bäume wachsen und Blumen. Und dass es ein kleiner Kinderplatz wird, wo Kinder fangen, verstecken in den Büschen spielen können. So 'n kleiner Park. Und ich würde noch versuchen, ganz ganz ganz viele Tunnel unter der Autobahn und unter Straßen zu machen, wegen der Krötenwanderung. Ich mag's nämlich gar nicht, wenn Kröten überfahren werden! Die können nämlich gar nichts dafür.

WENN DU CHEF VON DEUTSCHLAND WÄRST, WAS WÜRDEST DU MACHEN, WORUM WÜRDEST DU DICH KÜMMERN?

Ich würde dafür sorgen, dass es nie wieder Streit gibt und nie jemand Zeuge vom Tod sein muss. Und jeder, der gestorben ist, soll feierlich und heilig, wie ein Präsident, begraben werden. Jeder Mensch hat seine eigenen Rechte. Und wenn sie gestorben sind, ist es doch fair, wenn sie wie ein mächtiger Mensch begraben werden. Denn alle sind ja gleich viel wert.
Anas, 9 Jahre

Ich würde in Städten mehr Bäume anpflanzen und mehr Freizeitparks machen.
Eda, 9 Jahre

Um arme Menschen. Dass es keinen Krieg mehr gibt und die Bösen aufhören mit den Sachen. Und dass man lieb zueinander ist, dass man nicht bös ist und sich gegenseitig wehtut und sich innerlich verletzt, das mag ich nicht.
Marei, 8 Jahre

Dass man mehr Fahrräder macht, dass sich jeder eins kaufen kann.
Aaron, 8 Jahre

Dass jeder nicht mehr arm ist, jeder wär Millionär und die Diebe dürfen dann nicht mehr nach Deutschland.
Eric, 8 Jahre

Dass alle Kinder gleich behandelt werden.
Anja, 9 Jahre

Oah! Um die Welt, um die Pflanzen, und wenn es böse Menschen gibt, dann würde ich sagen, dass sie das nicht mehr machen sollen, sonst lass ich einen Zorn über sie los. Weil ich finde das nicht schön, wenn Menschen getötet werden und so.
Luisa, 8 Jahre

Dass die Kinder mehr zum Spielen haben und dass es nicht so viele Autos gibt. Das ist nicht so gut für die Bäume und nicht so gut für's Leben.
Julia, 9 Jahre

Ich würd machen, dass ... also ... die Zugbahnen sind ja manchmal gesperrt und ich würd machen, dass die sich nich' mehr streiten sollen, weil so kommen die Leute halt immer zu spät oder kommen gar nich' an.
Laura, 8 Jahre

Dass die Kinder mehr Essen kriegen und sie nicht mehr verhungern. Und dass hier nie wieder Krieg ist.
Anna, 8 Jahre

Also, hab noch keine Ziele, nee.
Cem, 8 Jahre

Um die Leute und um die Pflanzen und alles. Ich möchte dafür sorgen, dass in einer Gasse, egal was geschieht, nicht einer geschlagen oder umgebracht wird. Ich würde was machen, damit wir mehr Pflanzen haben und mehr zu essen kriegen. Mais, Kartoffeln, Äpfel, Birnen. Die Leute sollen kein Fett und Kohlehydrate dazutun, sondern gesünder essen.
Dieter, 8 Jahre

Um die Umweltverschmutzung, dass es keine mehr gibt. Das stinkt so und man könnte ersticken. In Parkhäusern zum Beispiel.
Jonas, 8 Jahre

Bei schlimmen Sachen würd' ich hingehen und sagen: »Das dürft ihr nicht.« Und ich würde mir ein großes Grundstück kaufen und alle Tiere im Tierheim zu mir nehmen.
Anna, 8 Jahre

Dass man einen Tag in der Woche nicht Auto fahren dürfte, dass man nur noch in ganz bestimmten Kneipen oder Restaurants rauchen dürfte und dass die Menschen ein Tag in der Woche kein Fleisch essen. Ich hab den Film »Unsere Erde« gesehen und da wurden auch Tiere umgebracht. Das war ein Horror für mich. Tiere haben Tiere umgebracht, da musste ich schon weinen, und danach war noch ein Ausschnitt, da hat ein Mensch ein Tier umgebracht, das fand ich auch schrecklich. Ich krieg jeden Monat vom WWF Post und da steht auch, dass Wilderer Tiere umbringen und dass die Menschen sich dafür einsetzen sollen.
Marvin, 9 Jahre

Dass alle Menschen auf der Welt nicht traurig sein müssen, dass sie alle ein schönes Zuhause haben und dass nie mehr wieder Menschen weinen müssen.
Ann-Kathrin, 9 Jahre

WENN DU CHEF VON DEUTSCHLAND WÄRST, WAS WÜRDEST DU MACHEN, WORUM WÜRDEST DU DICH KÜMMERN?

Ich würde ein Rauchverbot machen und für die Obdachlosen noch ein Heim bauen.
Ben, 8 Jahre

Ich würde mich kümmern, dass es hier nicht so viele Kriege geben würde, dass die Kinder hier auch anständig leben könnten, dass es alles hier ganz schön wär. Ich würde es besser finden, wenn hier in Deutschland am Besten alle Kinder gleich wären, also wenn's allen gut gehen würde, es gibt ja auch Straßenkinder und so, also dass die in ein Kinderheim kommen und dass die dann da ordentlich zu essen kriegen.
David, 9 Jahre

Ich würde Ordnung machen und Rauchen und Schlägereien verbieten. Waldbrände verhindern – das wünsche ich mir am meisten.
Diogo, 10 Jahre

Dass wir viel lernen.
Özge, 10 Jahre

Um die Tiere ganz arg. Zum Beispiel die Hasen, die haben nicht mehr so viel Platz und können sich nicht mehr vermehren. Ich möchte mal 'ne Reise um die Welt machen.
Tim, 8 Jahre

Ich würd 'n Freibad machen, wo man nichts zahlen muss, und 'n Hallenbad.
Tarik, 9 Jahre

Also das Rauchen absagen. Den Müll nicht einfach rumschmeißen, nicht viel mit Autos fahren und nicht viel Strom verschwenden.
Riccardo, 8 Jahre

Dass die Kinder besser werden in der Schule und in der Art, wie sie sind. Manche Kinder sind frech und manche Kinder sind gut. Die Lehrer sollen lieb sein und den Kindern soll die Schule gefallen.
Doguhan, 9 Jahre

Eigentlich ist es hier ganz nett, aber … Ich würde einfach Deutschland so lassen.
Ekin, 8 Jahre

Wenn Leute kein Geld haben, dass ich denen dann was gebe, weil die Präsidentin ganz viel Geld hat. Dann würd ich den armen Leuten was geben.
Shaza, 8 Jahre

Ich würd noch 'n Altersheim bauen. Es sind so viele alte Menschen hier.
Michael, 9 Jahre

Dass alle Schulen es gut haben. Dass genug Häuser da sind, genug Arbeitsstellen, dass es nicht so viel Streit gibt.
Janika, 8 Jahre

Wenn ich der deutsche Boss wär, dann würd ich erstmal auf dem großen Acker, wo nichts ist, mehr Häuser bauen und mehr Schulen, aber in jeder Schule 'ne Turnhalle und 'n Schwimmbad und mehr Restaurants.
Fabian, 8 Jahre

Ich tät sagen, dass man die Tiere nicht so viel schlachtet.
Felix, 9 Jahre

Freier Eintritt in Schwimmbäder und Skaterhallen. Und die Obdachlosen sollten sich umsonst Klamotten kaufen können. Die sollen auch tolle Klamotten bekommen, wie wir.
Mogens, 9 Jahre

Oh oh! Auf jeden Fall, dass die Welt in Ordnung ist! Dass es genug gute Schulen gibt, dass es nicht so viele Arme gibt. Dass die Pflanzen gut versorgt sind und so, dass man auf die Natur aufpasst. Ich würde nicht nur politische Sachen machen, sondern auch was für die Kinder, Erwachsenen und Jugendlichen.
Chiara, 9 Jahre

Ich würde mich da drum kümmern, dass man gute Sachen tut und füreinander sorgt und dass man nicht stiehlt. Manche stehlen auch von welchen, die arm sind, und die haben dann fast gar nichts mehr und viele verhungern ja auch. Und da würde ich mich drum kümmern, dass niemand was klauen würde und alle gerecht wären.
Timon, 8 Jahre

Ich würde die Kinder von Afrika hierher holen. Einen Zug schicken, dass sie herkommen können. Ich würde denen Geld geben und dass sie sich einen Job suchen können, dass sie hier ruhig leben können. Und die Leute, die Kinder klauen, denen würde ich 'ne Auszeit

geben. Die müssten in einem Haus bleiben. Nicht hinter Gitter, aber auch ein bisschen Bewachung. Und dass man die fragt, wie war deren Kindheit eigentlich, und dass man die glücklich macht, weil nur deshalb machen die das.
Bianca, 8 Jahre

Keine Ahnung. Um die Räuber. Der Polizei sagen, dass die ins Gefängnis kommen.
Hakki, 8 Jahre

Die Polizisten sollen auf die Mörder aufpassen. Und die Lehrerinnen sollen nicht mit den Kindern schimpfen und leise mit ihnen sprechen.
Ilknur, 10 Jahre

Oha! Große Villen kaufen und dass die armen Menschen Geld haben, eine Wohnung, Familie, Kinder. Wenn jemand mal Hilfe braucht oder kein Geld hat, würd ich ihnen Geld geben.
Sophie, 8 Jahre

In Deutschland gibt's vielleicht Multimillionäre – da würde ich denen etwas abnehmen, für die Armen, zum Beispiel Straßenkinder, die tun mir immer so leid! Und Bettler. Aber es gibt ja auch schauspielende Bettler, die tun einfach so, als wenn sie Bettler wären, und sind es nicht. Aber richtige Straßenkinder und richtige Bettler, denen würde ich wirklich Geld abgeben. Also für mich bedeuten arme Menschen viel. Die sind so arm dran und dann vergleiche ich das dann mit mir und dann ist das so anders. Ich will, dass die armen Menschen genauso leben wie wir!
Vera, 9 Jahre

Das ist jetzt eine Frage! Da würde ich bessere Gesetze aufstellen. Die Sportmannschaften würde ich besser trainieren lassen. Zum Beispiel Fußballmannschaften brauchen ja immer so viele Spieler, das würde ich unterlassen. Also, da würde ich sagen: es darf nicht mehr als 50 Millionen Euro ausgegeben werden für 10 Spieler oder in einem Jahr 15 Spieler oder weniger kaufen.
Paolo, 9 Jahre

Würde als erstes Gemüse abschaffen und das Obst, weil ich Gemüse und Obst hasse. Ich würde Schokolade herschaffen, alles aus Schokolade! Das würde ich machen.
Isabella, 8 Jahre

Dass nicht mehr so viel CO_2 verbraucht wird.
Leonie, 8 Jahre

Ich würde auch für arme Leute Häuser bauen, zum Beispiel für Penner, die haben kein Geld. Wenn ich der Bürgermeister wär, würde ich den Bauarbeitern sagen, dass sie mehr arbeiten sollen. Neben unserer Straße haben sie das gemacht und ich wünsche, dass es noch mehr solche Häuser gibt, dass die armen Leute da umsonst wohnen können.
Haris, 8 Jahre

Wenn ich der Chef wäre, würde ich allen sagen: »Trinkt keinen Alkohol und raucht keine Zigaretten.« Wenn die Türken hierher kommen, dann nehmen die Alkohol. In der Türkei machen sie das nicht. Da machen sie nur, was Türken machen.
Ugur, 9 Jahre

Ich würde mich um die Armen kümmern, dass sie alles haben und nicht sterben müssen. Dass alle ein Haus haben und es keinen Krieg mehr gibt.
Zehra, 9 Jahre

Also, ich würde den armen Leuten ein Haus machen lassen und noch einen Laden zum Essen, zum Trinken und eine Fabrik, so drei, vier Stück. Ich würde noch ein Eiscafé machen lassen und einen Friedhof und noch so Schiffe zum Segeln und Wasser. Und ich würde eine Schule machen lassen und ein Auto, viele, und Computer, Spielplatz, Kindergarten, Schwimmbad, IKEA. Ich würde die Schauspieler aus Amerika hierher holen.
Betül, 9 Jahre

Ich würde mich darum kümmern, dass es Mensch, Tier und Pflanzen gut geht und dass keine Abgase da sind und auch dass man nicht so lang arbeiten darf.
Joelle, 9 Jahre

Dass es nicht so viel Streik gibt, dass die Arbeiter, die streiken möchten, mehr Geld verdienen. Dass die Schule genug Geld hat.
Julia, 9 Jahre

Dass die Eltern mit der Familie Zeit verbringen können. Dass man kein Papier auf den Boden schmeißen darf, sonst gibt's eine Weltverschmutzung. Dass jeder ein Haus hat und jeder Geld hat.
Henrietta, 8 Jahre

Um die Tiere! Wenn die kein Futter haben, würd ich ihnen etwas zu essen geben. Ich würde mich auch darum kümmern, dass immer mehr auch etwas zu essen haben und Geld haben.
Vanessa, 9 Jahre

Ich würde den armen Kindern, die aus Deutschland sind, ein Zuhause geben. Die Deutschen sollen nicht mehr so zickig sein zu den anderen Ländern.
Muriel, 9 Jahre

WENN DU CHEF VON DEUTSCHLAND WÄRST, WAS WÜRDEST DU MACHEN, WORUM WÜRDEST DU DICH KÜMMERN?

Keine Schule! Nein, nein. Ist schon richtig, dass es Schule gibt. Mal überlegen. Ich würde machen, dass zwei Wochen so lange dauern wie eine Woche. Dann kann ich meinen Papa öfters sehen. Ich bin nämlich jedes zweite Wochenende bei meinem Papa.
Kira, 8 Jahre

Also erstmal dürfen nicht mehr so viele Flugzeuge fahren, weil die die Umwelt verpesten, und alle Autos müssten unter zehn Liter schlucken und dass manche Firmen abgerissen werden, weil es gibt zu viele.
Kurt, 8 Jahre

Also, dass es nie mehr Streit gibt, nie was passiert und dass es nie Krieg gibt. Dass es nie so was gibt, weil das ist einfach grausam. Darum würd ich einfach sagen, dass es nie Krieg geben sollte. Man sollte auf einer Versammlung ausrichten, dass es nie wieder Krieg geben soll, auch den anderen Ländern. Dann wären alle Probleme gelöst. Und dass die Räuber eingesperrt werden, die bösen Menschen halt. Und dass nie wieder Terror oder so was verbreitet werden darf, nie wieder! Weil das ist einfach schrecklich! Dann sterben Menschen, Häuser brennen, man hat Angst, nichts als Angst und man ist nie fröhlich. Und das sollte verhindert werden, jeden Tag!
Mekin, 8 Jahre

Ich würde ein Meer bauen mit Strand, ein paar Bäume wegmachen, sonst passt ja nicht der Strand her.
Daniele, 10 Jahre

Ich würde dafür sorgen, dass es allen Bewohnern gut geht und dass keiner Not leidet, und ich würde das Land verteidigen, wenn es angegriffen wird.
Julia, 8 Jahre

Dass es einen ganz großen Rasen gibt mit Bäumen, denn Bäume stehen für Luft, und dass keine Häuser gebaut werden. Mir gefällt das gar nicht, wenn Bäume abgesägt werden! Wir haben zwar etwas Warmes für den Winter, aber es gefällt mir gar nicht, weil ich dann Angst habe, dass plötzlich alle Bäume aussterben und wir keine Luft mehr haben. Und deshalb würde ich einen Rasen machen, mähen, säen und so. Und dafür sorgen, dass da auch Bäume wachsen und Blumen. Und dass es ein kleiner Kinderplatz wird, wo Kinder fangen, verstecken in den Büschen spielen können. So 'n kleiner Park. Und ich würde noch versuchen, ganz ganz ganz viele Tunnel unter der Autobahn und unter Straßen zu machen, wegen der Krötenwanderung. Ich mag's nämlich gar nicht, wenn Kröten überfahren werden! Die können nämlich gar nichts dafür.
Marion, 9 Jahre

Die Kinder sollen sich nicht streiten und anderen keine Schimpfwörter sagen, sich nicht schlagen und nicht weinen, weil sie keine Geschwister haben. Also ich würde schon viel machen.
Corinna, 8 Jahre

Dass es nicht mehr so Leute gibt, zum Beispiel es ist ja schon in den Nachrichten gekommen, dass Leute zum Beispiel 'n Opa in der U-Bahn erschlagen haben. Die würd ich ins Gefängnis stecken. Oh! die hätt ich lebenslänglich im Gefängnis gehalten. Und dass in der Stadt nicht so viel Dreck rumfliegt, da ist alles voll. Und dass China nicht mehr so 'n Chinascheiß hier verkauft, billig und geht gleich wieder kaputt.
Fabian, 9 Jahre

Also, dass die Schulhöfe schöner sind, weil manche sind voll eklig. Dass man dann die Mülltonnen anmalen kann, was draufmalen kann, dass es schön aussieht. Und die Umweltverschmutzung.
Tamara, 9 Jahre

Weiß nicht. Ich find das Land gut. Ich würde die Miete und den Strom billiger machen.
Marko, 9 Jahre

Ich würde sagen, dass der Krieg aus sein soll. Und das ist ganz schlimm, wenn viele Leute tot sind, und das ist traurig, dann ist die Familie ganz schlimm gelaunt. Und ich würde den Leuten Freude machen.
Vesna, 8 Jahre

Ich würd mich um die Kinder kümmern und um die Erwachsenen, dass die Spaß haben und dass es mehr Spielplätze gibt für die Kinder und dass es ganz große Tobeplätze gibt und dass die Kinder halt auch 'n ganz großen Garten haben, dass sie spielen können. Und die Erwachsenen: Dass die halt nicht immer so oft kochen müssen und dass die sich nicht immer aufregen müssen, dass die Welt glücklich ist.
Marlena, 9 Jahre

Um die Tiere, dass sie nicht sterben. Mein Papa sagt immer, ich soll nicht Tiere töten. Das mach ich auch nicht. Zum Beispiel Löwen: Als ich ein Baby war, habe ich einmal einen kleinen Löwen gesehen und durfte ihn streicheln. Das war in einem indischen Laden. Ich will auch kein Fleisch essen.
Bhawna, 9 Jahre

Ich würde mich um die armen Kinder kümmern. Ich würde Geld auftreiben für die armen Kinder in Afrika, Indien und natürlich in Deutschland. Ich würde einen Zug bauen, der schön ist und keine Verschmutzung macht.
Kolle, 8 Jahre

Dass es den Leuten gut geht, dass niemand auf der Straße wohnt und dass jeder genug Geld hat, um seine Kinder zu versorgen und weiterzuleben.
Can, 8 Jahre

Ich würde mich um die Tiere kümmern und um die Umwelt. Dass es nicht so viele Jäger gibt und Autos, die die Umwelt nicht verschmutzen. Dass es nur noch ganz wenig Umweltverschmutzung gibt. Und dass nicht so viele Bäume gefällt werden, weil ohne Bäume könnten wir nicht leben.
Maximilian, 9 Jahre

Dass der Bürgermeister nicht alle Bäume absägt. Er will das machen, hat mir mein Freund gesagt. Warum er das will, weiß ich nicht.
Meik, 8 Jahre

Ich würde mich um das Land kümmern und eigentlich nichts Besonderes.
Toni, 9 Jahre

Ich würde mich um die Luft kümmern, um die Autogase. Die Firmen sollen es besser machen. Die Kinder sollen mehr Platz zum Spielen haben, mehr Spielplätze. Ich würde mehr Moscheen machen und Kirchen für die Deutschen. Und ich würde nach den Armen gucken, hätte den Armen geholfen, dass sie mehr Geld haben und dass es ihnen gut geht und sie fröhlich sind.
Ismail, 9 Jahre

Mir wäre wichtig, dass die Tiere den Winter überleben, dass sie nicht sterben, wenn's ganz kalt ist. Und ich würde die Fabriken, die ganz nah am Wald sind, ein bisschen weiter weg machen. Also ich würd mich um die Natur kümmern.
Anna, 9 Jahre

Ich würd den Armen in Amerika helfen, Essen geben und ein Haus schenken mit Bodyguards. Und dass kein Weltkrieg ist.
Mert, 9 Jahre

Ich würde mich darum kümmern, dass keine Kinder und Erwachsene mehr einfach auf der Straße liegen und aus Mülltonnen essen. Und auch, dass es nicht mehr so ist, dass Tiere einfach so auf der Straße ausgesetzt werden.
Nele, 8 Jahre

Ich würde für weniger Abfall sorgen, für günstige Krankenhäuser, und ich würde den Armen helfen.
Tomo, 9 Jahre

Dass es nicht mehr so viel Streit gibt und dass es genug Wälder gibt für die Tiere. Weil viele Tierarten ja aussterben und dann gibt es sie einfach nicht mehr.
Valerian, 9 Jahre

Ich würd das Rauchen verbieten, weil es nicht gut ist für die Menschen. Und ich würde machen, dass jedes Kind ein kleines Haustier haben darf, außer die, die allergisch sind. Da ist es ja okay, wenn man keins kriegt.
Beate, 9 Jahre

Um die armen Menschen kümmern. Also meine Mama hat mal einen getroffen, der hatte keine Beine, der hatte Hunger und Durst! Da hat meine Mama dem jeden Tag etwas gekauft. Ich würde den Menschen umsonst Häuser kaufen, also Obdachlosen, weil es auch mal passieren kann, dass so ein gemeiner Verbrecher kommt und der tut dem den Bauch aufschlitzen.
Pauline, 8 Jahre

Um die Menschen, dass die Läden ein bisschen weniger kosten, dass es öfter einen Zirkus gibt und mehrere Spielplätze.
Pegah, 8 Jahre

Dann würd ich erstens einige Sachen ändern. Ich würde ändern, dass es nicht mehr so viele Baustellen gibt, weil man da so Umwege fahren muss.

WENN DU CHEF VON DEUTSCHLAND WÄRST, WAS WÜRDEST DU MACHEN, WORUM WÜRDEST DU DICH KÜMMERN?

Und dass die Leute, die jetzt keine Arbeit haben, Arbeit bekommen.
Stefano, 9 Jahre

Erst den armen Menschen helfen, die keine Arbeit haben, die brauchen ja Geld. Alle Kriege beenden und alle sind zufrieden und alles bleibt so, wie es ist.
Aru, 8 Jahre

Ich tät erstmal alle Leute, die Verbrechen gemacht haben, auf Lebenszeit einsperren oder es kommt drauf an, wie groß die Strafe ist. Wenn sie dann frei sind, würde ich sie extra in eine ganz große Stadt – ich würde eine ganz große Stadt bauen lassen – und da würde ich die reintun, da würden dann alle Diebe drin wohnen. Da können die dann nicht so viel Unfug anstellen. Ich würde denen mehr Geld geben, die arbeiten. Ich würde dafür sorgen, dass die ganzen Politiker das Rauchgesetz nicht lockern, weil es ungesund ist, das Rauchen.
Philipp, 9 Jahre

Um Europa, wenn die Armen kein Essen haben, würde ich denen Essen bringen, Kleider und Geld. In Deutschland sollte man sich lieber mal um die Omas und Opas kümmern, ihnen helfen, wenn die krank sind, sie besuchen, wenn die allein sind.
Pinar, 9 Jahre

Um die Leute würd ich mich kümmern, um die Läden. Aufpassen, dass die Leute nichts Schlimmes machen, dass keine Kaugummis auf dem Boden kleben oder Papiere rumliegen.
Aleyna, 10 Jahre

Um die Armen, dass die Reichen den Armen auch was abgeben. Und dass die Jugendlichen härter bestraft werden, wenn sie was gemacht haben.
Mario, 9 Jahre

Um den Frieden! Da gibt's so 'n Lied: »Wenn einer den Frieden beginnt«, das finde ich sehr schön. Um den Frieden würde ich mich am meisten kümmern. Und ich träume davon, dass eine Sekunde lang alle Menschen auf der Erde glücklich sind und keinen Hunger oder Durst haben. Dass es ihnen einfach nur gut geht, darum würde ich mich kümmern. Die da in den Ländern was zu sagen haben, kümmern sich nicht wirklich darum. Manche von Deutschland gehen da hin und bringen denen Wasser und so. Aber das reicht nicht für alle Menschen. Einfach, dass es ein paar Sekunden oder Minuten allen Menschen gut geht – darum würde ich mich kümmern.
Sophie, 9 Jahre

Ich würde das Rauchen verbieten. Davon kriegt mein kleiner Cousin Ausschlag. Der musste schon ins Krankenhaus. Und Drogen würd ich auch verbieten lassen, das ist gar nicht schön.
Quentin, 9 Jahre

Ich würde mich um die Finanzen kümmern und um alles. Dass nichts passiert, nichts Schlimmes.
Sadik, 8 Jahre

Dass die Schulen gut sind. Es gibt ja auch Schulen, die sind nicht so gut. Und dass es den Kindern im Land gut geht. Und dass auch die Leute gerecht bezahlt werden, bei der Arbeit. Ja.
Elias, 8 Jahre

Weiß nicht.
Annette, 8 Jahre

Dass die Leute nicht so viel Müll wegwerfen. Dass die Umwelt nicht so verschmutzt wird. Und eben, dass die Menschen nicht mehr so viel rauchen dürfen.
Leah, 9 Jahre

Um die Kinder, also um die ganze Welt eigentlich. Ich hätte die Menschen und die anderen mehr bezahlt, dass sie schneller irgendwo hingehen können und auf die anderen kleinen Kinder aufpassen und dass die armen Menschen auch sehr viel Geld bekommen.
Sanja, 10 Jahre

Ich hätte einfach Freiheiten.
Selin, 8 Jahre

Ich würd sagen, dass das Land jetzt Kinderland heißt und dass die Kinder bestimmen dürften; dass die Erwachsenen kein Auto fahren dürften und die Kinder Auto fahren – die Er-

wachsenen dürfen ruhig helfen. Und dass die Erwachsenen in die Schule gehen müssen und die Kinder sind die Lehrer.
Dennis, 9 Jahre

Wenn Feuer brennt, würde ich die Feuerwehr sofort losschicken. Die dürfen ja auch manchmal über Rot fahren. Sonst fällt mir nichts ein.
Isabelle, 9 Jahre

Da würd' ich keine Schule mehr machen und die Kinder würden immer spielen.
Prisca, 8 Jahre

Ich würde mich um die armen Leute kümmern und denen viel Geld geben, weil die sind arm und die haben wenig zu essen und zu trinken.
Seyyid, 8 Jahre

Das ist wieder so eine ganz, ganz schwierige Frage! Kann ich mir nicht vorstellen! Kann ich mir einfach nicht vorstellen.
Silke, 8 Jahre

Dass es mehr Krankenhäuser gäbe, da wo Häuser sind. Ich würde die Schulzeit verlängern und die Pausen auch. Und ich würd den Kindern immer was zum Arbeiten geben, sonst lernen die nichts. Aber ich find's nicht gut, dass immer wieder Leute sterben. Das find' ich am schlimmsten. Ich hasse es. Ich sehe auch immer wieder Krankenwagen vorbeifahren, fast überall. Meine Mutter hatte auch Krebs, im Bauch, aber sie ist sofort zum Doktor gegangen. Sie hat nicht gezögert. In zwei Tagen haben sie sie zweimal operiert. Dann haben sie sie erstmal in Ruhe gelassen, weil bei solchen Schmerzen muss man eine Frau in Ruhe lassen. Am dritten Tag haben sie sie nochmal operiert.
Rilind, 8 Jahre

Dass es keine Kriege mehr gibt. Dass man nicht mehr so oft streikt, die Züge. Wir wollten mal mit der Klasse einen Ausflug machen und wegen dem Streik konnten wir da nicht hinfahren. Ich würde ein Verbot gegen Bomben erlassen und gegen Tiere töten; na so 'n paar, also die älteren, schon, aber die jüngeren nicht. Und dass kein Brand mehr vorkommt.
Celine, 9 Jahre

Die Reichen sollen von ihrem Geld auch was den Armen geben, dass es hier keine Streiterei gibt und Deutschland friedlich wäre. Dass nichts Böses passiert.
Malte, 8 Jahre

Dass nicht so viele Autos fahren würden und dass hier mehr Wald wäre und Wiesen.
Stefan, 8 Jahre

Dass hier nicht so viel Dreck liegt, dass niemand die Wände beschmiert mit den Sprühdosen, und ich würde noch ein paar Parks machen.
Stela, 9 Jahre

CORINNA, 8 JAHRE

Erzähl mal, was du so machst, wenn du mit den Hausaufgaben fertig bist.
Dann spiel ich mit meinen Brüdern. Manchmal spiel ich mit den Kätzchen und am meisten spiel ich mit Matthias, mit meinem zweiten Bruder.

Wieso sind Freunde wichtig im Leben?
Weil man kann ihnen Geheimnisse erzählen und die sind immer da, auch wenn man nicht so gut drauf ist. Und man kann was zusammen machen, basteln oder so.

Wovor fürchtest du dich?
Vor Geistern, Bären und Werwölfen oder so. Irgendwie habe ich halt manchmal in der Nacht Angst, wenn die Türen quietschen und die Böden krachen.

Was kannst du richtig gut?
Ich kann gut turnen, Fußball spielen kann ich nicht so gut, aber ich kann's schon, und dann kann ich noch gut rennen und hopsen auch noch. **Was würdest du gerne besser können oder an dir anders haben wollen?** In Englisch bin ich nicht so gut.

Welchen Beruf kannst du dir für dich vorstellen?
Vielleicht Bäuerin oder in einem Laden arbeiten. Ich spiel manchmal Kaufladen und das macht mir halt Spaß.

Gibt es was, was die Deutschen richtig gut können?
Wüsste ich jetzt gar nichts. **Gibt es Dinge, die andere Länder besonders gut machen?** Zum Beispiel Italien, die können gut Fußball spielen.

Was gefällt dir am Kindsein?
Weil das noch Kindheit ist und das ist gut. Da kann man noch viel spielen und muss nicht so viel nachdenken, was man machen will. Ich find das schön, wenn man noch Kind ist, da kann man alles machen. Man kann spielen mit den Pferden oder den Geschwistern. Man kann rumhüpfen. Später, da denkt man, dass es schön wär, wenn man wieder Kind ist. **Was stört dich am Kindsein?** Manchmal find ich die Schule halt ein bisschen ätzend. Wenn ich erwachsen bin, dann muss ich keine Tests mehr schreiben und kann auch mit dem Auto fahren.

Stell dir mal vor, du bist erwachsen. Beschreib, wie du bist.
Dann würde ich gerne in der Schweiz wohnen, in den Alpen auf einem Hof. Und ich wäre nett zu den Kindern und wenn ich Kinder hätte, würde ich sie nicht anschreien. Ich finde es schön, wenn man Kinder hat und eine glückliche Familie ist.

Was ist dein allergrößter Wunsch?
Dass ich mal einen Esel krieg, weil ein Esel so wuschlig ist.

Wo siehst du die größten Probleme in der Welt?
Wenn Krieg ist und man andere hasst. Und dass Länder überflutet werden.

Glaubst du an Gott?
Ja. **Wie stellst du ihn dir vor?** Groß, nett und er ist voll mit Liebe. Er mag bestimmt Kinder und ich glaub, dass er ein Herz voller Liebe hat und keinen Streit in der Welt will.

Was war das Tollste, was dir je passiert ist?
Dass wir am Triberger Wasserfall waren. Da gehen wir jedes Jahr hin.

Wenn du Chef von Deutschland wärst, was würdest du machen, worum würdest du dich kümmern?
Die Kinder sollen sich nicht streiten und anderen keine Schimpfwörter sagen, sich nicht schlagen und nicht weinen, weil sie keine Geschwister haben. Also ich würde schon viel machen.

Treasur
Sweet Love

FABIAN, 9 JAHRE

Erzähl mal, was du so machst, wenn du mit den Hausaufgaben fertig bist.
Dann spiel ich mit meinen Freunden, ich ruf zuerst halt meine Freunde an. Ich geh zu meinen Freunden und wir spielen halt Playmobil oder Autos. Wir gehen auch zum Bagger auf dem Spielplatz. Ich bin im Karate und hab früher Flöte gespielt.

Wieso sind Freunde wichtig im Leben?
Weil manchmal ist es auch langweilig und dann braucht man halt Freunde, dass man spielen kann.

Wovor fürchtest du dich?
Vor Größeren, die mich ärgern. Die machen immer so komisches Zeug.

Was kannst du richtig gut?
Ich kann viele Sachen gut, aber halt nicht alles gut. Am besten kann ich Sport, halt Sport von der Schule her. **Was würdest du gerne besser können oder an dir anders haben wollen?** Karate, da sollte ich nicht so viel Blödsinn machen.

Welchen Beruf kannst du dir für dich vorstellen?
Ich würd gern Polizist sein. Da kann man mit dem Polizeiauto in der Stadt rumfahren und Leute verhaften und so. Aber da muss man immer früh aufstehen. Aber ich find den Beruf halt gut.

Gibt es was, was die Deutschen richtig gut können?
Deutsch reden können sie besonders gut. **Gibt es Dinge, die andere Länder besonders gut machen?** Zum Beispiel die Chinesen, die erfinden Sachen, wo's hier überhaupt nicht gibt, und dann verkaufen sie's hier, zum Beispiel Playstation 3.

Was gefällt dir am Kindsein?
Man kann immer spielen, man muss nicht zur Arbeit und man hat nicht so schwierige Sachen, wie auf der Arbeit halt, so Rechnen. Es ist halt toll, man hat die Freizeit, die hat man als Erwachsener nicht. **Stört dich auch was am Kindsein?** Nö. Oder … wenn ich die Hausaufgaben nicht kapiere, dann dreh ich immer durch.

Stell dir mal vor, du bist erwachsen. Beschreib, wie du bist.
Ich will gut sein, 'n guten Beruf finden zum Beispiel. Ich steh früh auf, geh zur Arbeit, dann komm ich wieder heim, ess was, und dann mach ich sauber, putz ich, und wenn dann noch bisschen Zeit ist, geh ich vielleicht hoch, guck 'n bisschen Fernseh. Oder abends halt Fernseh gucken und wenn Freizeit ist, 'n bisschen Playstation spielen.

Was ist dein allergrößter Wunsch?
Dass ich Zauberer wär, dann hätt ich mir meine Lieblingsspielsachen hergezaubert.

Wo siehst du die größten Probleme in der Welt?
Dass es Kriminelle gibt, die Leute umbringen und so Sachen machen. Die müssen unbedingt ins Gefängnis gesteckt werden. Das ist ein schlimmes Problem, es gibt viele Kriminelle.

Glaubst du an Gott?
Ja. Es gibt so viele Geschichten über ihn. Da denk ich schon, dass es den mal gegeben hat, den Jesus. Aber Gott? Man sagt ja, man hätte einen Schutzengel. Ich hab nie einen: Ich hab mir voll die Hand eingequetscht im Gartenzaun. Hab 'n paar Tage 'n Verband gehabt. Da hätte der Schutzengel aufpassen sollen! Deswegen glaub ich nicht so arg an Gott.

Was war das Tollste, was dir je passiert ist?
Als ich ein Paket aus Amerika bekommen hab. Und Besuch kam aus Amerika und ich konnte mit dem reden, der war Amerikaner. Weil ich in der Schule gut aufgepasst hab, konnte ich auch gut Englisch mit ihm reden. Ein paar schwere Wörter konnt' ich nicht.

Wenn du Chef von Deutschland wärst, was würdest du machen, worum würdest du dich kümmern?
Dass es nicht mehr so Leute gibt, zum Beispiel es ist ja schon in den Nachrichten gekommen, dass Leute zum Beispiel 'n Opa in der U-Bahn erschlagen haben. Die würd ich ins Gefängnis stecken. Oh! die hätt ich lebenslänglich im Gefängnis gehalten. Und dass in der Stadt nicht so viel Dreck rumfliegt, da ist alles voll. Und dass China nicht mehr so 'n Chinascheiß hier verkauft, billig und geht gleich wieder kaputt.

52 vintage
VINTAGE

TAMARA, 9 JAHRE

Erzähl mal, was du so machst, wenn du mit den Hausaufgaben fertig bist.
Also ich geh raus, meine Freundin ist meistens auf dem Spielplatz. Dann spielen wir zusammen und ich schaukel und dann machen wir meistens so Wettbewerbe, dann springen wir auch, wer am höchsten schaukelt, und dann, wer am weitesten springt. Wenn schlechtes Wetter ist, dann bleib ich zu Hause und guck Fernsehn und spiel mit meinen Puppen. Ich bin in einem Sportverein, ich bin im Leichtathletik und in Funkenmariechen.

Wieso sind Freunde wichtig im Leben?
Weil die einem helfen, wenn die hingefallen sind, und wenn mal jemand 'n schlechten Tag hat, können die auch fragen: »Warum?« und dich 'n bisschen aufmuntern.

Wovor fürchtest du dich?
Weiß nicht.

Was kannst du richtig gut?
Singen und Tanzen. **Was würdest du gerne besser können oder an dir anders haben wollen?** Nichts.

Welchen Beruf kannst du dir für dich vorstellen?
Popstar, weil ich gern singe und tanze.

Gibt es was, was die Deutschen richtig gut können?
Nein. **Gibt es Dinge, die andere Länder besonders gut machen?** Nee.

Was gefällt dir am Kindsein?
Dass man draußen spielen kann. Die Erwachsenen sind meistens immer arbeiten oder machen den Haushalt. Die Kindern können draußen spielen und Spaß haben. **Stört dich auch was am Kindsein?** Ja, dass Kinder immer so viel Hausaufgaben aufbekommen.

Stell dir mal vor, du bist erwachsen. Beschreib, wie du bist.
Also, ich würde dann arbeiten. Da bin ich ja fast immer auf Konzert, wenn ich Popstar werde. Dann singe ich immer und dann stehen dann vielleicht da draußen immer die Fans und dann hätt ich halt keine Zeit. Dann würden die immer an meiner Tür klingeln.

Was ist dein allergrößter Wunsch?
Dass ich Popstar werde, das wünsch ich mir von ganzem Herzen, ich üb auch jetzt schon dafür. Ich hab 'n Lieblingssänger, das ist Bill von Tokio Hotel. Die gefallen mir ganz gut.

Wo siehst du die größten Probleme in der Welt?
Dass manche Leute nie auf die Umwelt achten, dass die immer Dreck auf den Boden werfen, das gefällt mir nicht so gut. Oder wenn die 'ne Packung haben, vom Bäcker kaufen, können die auch ihre Brotbox nehmen, sonst werfen die das immer weg.

Glaubst du an Gott?
Ja. **Wie stellst du ihn dir vor?** Also, dass er oben im Himmel ist und uns einfach beobachtet und dass jeder von ihm lernt.

Was war das Tollste, was dir je passiert ist?
Dass ich meine Freundin kennengelernt hab. Weil ich früher ja woanders gewohnt hab, da hab ich ja meine alten Freunde verlassen. Dann war ich auf einer ganz anderen Schule und hatte hier noch keine Freunde. Dann hab ich sie kennengelernt und hatte endlich mal 'ne richtige Freundin.

Wenn du Chef von Deutschland wärst, was würdest du machen, worum würdest du dich kümmern?
Also, dass die Schulhöfe schöner sind, weil manche sind voll eklig. Dass man dann die Mülltonnen anmalen kann, was draufmalen kann, dass es schön aussieht. Und die Umweltverschmutzung.

MARKO, 9 JAHRE

Erzähl mal, was du so machst, wenn du mit den Hausaufgaben fertig bist.
Dann geh ich zu meinem besten Freund. Wir spielen Playstation oder gehen raus, Fußball spielen. Mittwoch hab ich Schwimmtraining und zweimal die Woche habe ich Kung Fu.

Wieso sind Freunde wichtig im Leben?
Weil sie einem helfen, wenn man sich verletzt hat. Wenn einem langweilig ist, spielen die mit einem.

Wovor fürchtest du dich?
Vor nichts, außer, wenn ich einer Kobra begegne. Und vor riesigen Spinnen.

Was kannst du richtig gut?
Basketball spielen, und ich kann fast Salto. **Was würdest du gerne besser können oder an dir anders haben wollen?** Bei Fußball bin ich im Tor gut, aber beim Spielen will ich noch ein bisschen besser werden.

Welchen Beruf kannst du dir für dich vorstellen?
Ich will Arzt werden. Da hilft man Menschen.

Gibt es was, was die Deutschen richtig gut können?
Fußball angucken, die Männer. **Gibt es Dinge, die andere Länder besonders gut machen?** In Mazedonien bauen sie sehr viele Häuser.

Was gefällt dir am Kindsein?
Man kann spielen. Wenn man erwachsen ist, muss man immer Essen kaufen, arbeiten gehen und Termine machen. **Stört dich was am Kindsein?** Nö.

Stell dir mal vor, du bist erwachsen. Wie bist du, was machst du?
Nett und ein guter Arzt.

Was ist dein allergrößter Wunsch?
Dass ich nicht mehr krank werde. Ich war grad krank, hatte immer Kopfschmerzen und Bauchkrämpfe.

Wo siehst du die größten Probleme in der Welt?
Dass es Ärger gibt und jemand droht, dass er Geld will, sonst tötet er den. **Was kann man dagegen tun?** Die sollen aufhören damit.

Glaubst du an Gott?
Ja. **Wie stellst du ihn dir vor?** Dass er sehr nett ist und sehr großzügig.

Was war das Tollste, was dir je passiert ist?
Da war ich Skifahren mit meinem Freund ganz hoch auf dem Berg. Da bin ich fast runtergefallen und da hat er mir fast das Leben gerettet.

Wenn du Chef von Deutschland wärst, was würdest du machen, worum würdest du dich kümmern?
Weiß nicht. Ich find das Land gut. Ich würde die Miete und den Strom billiger machen.

VESNA, 8 JAHRE

Erzähl mal, was du so machst, wenn du von der Schule nach Hause kommst.
Manchmal geh ich mit meinen Freundinnen Fahrrad fahren und manchmal spiel ich mit meiner Schwester, zum Beispiel Schule oder Barbie.

Wieso sind Freunde wichtig im Leben?
Dass man nicht einsam ist und dass man jemand zum Spielen hat.

Wovor fürchtest du dich?
Vor Hunden, aber nur vor kleinen. Die können ganz schnell rennen und die wollen manchmal spielen und da krieg ich Angst.

Was kannst du richtig gut?
Erfundene Gitarrenlieder und Sport, beim Lesen bin ich auch ganz gut, und beim Fahrradfahren. **Was würdest du gerne besser können oder an dir anders haben wollen?** Wenn ich Fahrrad fahre, bei den Straßen, da würde ich besser aufpassen.

Welchen Beruf kannst du dir für dich vorstellen?
Lehrerin. Da kann man noch mehr üben und bei den Kinder gucken, wie die arbeiten.

Gibt es was, was die Deutschen richtig gut können?
Ja, die Leute, wo von anderen Ländern kommen, die können nicht so gut Deutsch, aber die Deutschen schon. Die können viele Wörter. **Gibt es Dinge, die andere Länder besser machen als die Deutschen?** Also in der Türkei, da können die gut Bauchtanz.

Was gefällt dir am Kindsein?
Wenn ich dann groß bin, kann ich mich nicht so gut bewegen und muss viel arbeiten, und mit den Freunden kann ich mich auch nicht so oft treffen, weil ich arbeiten muss, und ich muss waschen, für die Kinder verantwortlich sein. **Stört dich was am Kindsein?** Nein.

Stell dir mal vor, du bist erwachsen. Wie bist du, was machst du?
Nicht so gut, weil ich dann für die Kinder verantwortlich sein muss und dann muss ich immer aufräumen und immer Wäsche waschen und arbeiten gehn. Das gefällt mir nicht so.

Was ist dein allergrößter Wunsch?
Der, wo nicht in Erfüllung geht, dass ich fliegen kann. Weil dann kann ich überall hingehn, wo ich will. Da kann man von oben alles sehn.

Wo siehst du die größten Probleme in der Welt und warum?
Dass man sich streitet. Und das Schlimmste ist Krieg. Wenn manche Leute ein Land für sich selbst haben wollen und die andern das nicht wollen. **Was kann man dagegen machen?** Weiß nicht.

Glaubst du an Gott?
Ja. **Wie stellst du ihn dir vor?** Sehr hübsch, der Schönste von allen.

Was war das Tollste, was dir je passiert ist?
An meinem Geburtstag bin ich mit meinen Freundinnen in McDonald's gegangen. Da war so ein ganz großer Spielplatz, da haben wir gespielt. Die haben auch für uns eine Torte gemacht und ich hab ganz viele Geschenke bekommen.

Wenn du Chef von Deutschland wärst, was würdest du machen, worum würdest du dich kümmern?
Ich würde sagen, dass der Krieg aus sein soll. Und das ist ganz schlimm, wenn viele Leute tot sind, und das ist traurig, dann ist die Familie ganz schlimm gelaunt. Und ich würde den Leuten Freude machen.

MARLENA, 9 JAHRE

Erzähl mal, was du so machst, wenn du mit den Hausaufgaben fertig bist. Am allerliebsten geh ich dann raus, mit Freunden spielen, und wenn's halt grad draußen regnet oder kein gutes Wetter ist, dann spiel ich in meinem Zimmer, entweder puzzle ich oder spiel mit meinem Bruder, und ich spiel auch gern Schule mit meinen Kuscheltieren, dann mach ich die Sachen, die ich in der Schule nicht so verstanden hab, die nehm ich dann noch mal durch. Ich mach Musik, ich spiel Gitarre, dann reite ich noch und mach Leichtathletik.

Wieso sind Freunde wichtig im Leben? Also, bei mir sind sie wichtig, weil ohne Freunde, da langweile ich mich immer. Wenn dann mal gutes Wetter draußen ist und ich will nicht alleine spielen und mein Bruder ist auch grad nicht da – der ist vielleicht grad weg mit seinem Freund – und ich hab keine Freunde, dann muss ich mich langweilen und das ist doof.

Wovor fürchtest du dich? Vor Spinnen.

Was kannst du richtig gut? Ich find, dass ich richtig gut Leichtathletik kann. **Was würdest du gerne besser können oder an dir anders haben wollen?** Weitwurf kann ich nicht so, das würd ich gern 'n bisschen besser können. Deutsch hätt ich gern anders, dass der Unterricht 'n bisschen anders wär, dass wir da nicht so viel schreiben müssen.

Welchen Beruf kannst du dir für dich vorstellen?
Also ich würd gern Düsenjetpilotin werden, da kann man so schnell fahren und durch die Lüfte fliegen, oder Erfinderin, da kann man alle möglichen Sachen ausprobiern, also zusammenbasteln und dann gucken, was da passiert.

Gibt es was, was die Deutschen richtig gut können?
Deutsch reden, ich find alle machen sonst alles gleich gut. **Gibt es Dinge, die andere Länder besonders gut machen?** Frankreich, die machen besonders gut Käse.

Was gefällt dir am Kindsein?
Dass man da noch in die Schule gehen darf und dass man da halt noch viel kleiner ist, da ist man noch nicht so groß. **Stört dich was am Kindsein?** Manchmal würd ich gern größer sein, weil mein Bruder, der ist größer als ich und der ärgert mich immer und aber ich darf ihn nicht ärgern, weil er größer ist.

Stell dir mal vor, du bist erwachsen. Wie bist du, was machst du?
Ich würd gern all meinen Sport weitermachen und mein Musikinstrument spielen, weil mir das am Herzen liegt. Wenn ich dann von der Arbeit fertig bin, würd ich heimgehen, mein Musikinstrument üben und mich dann, wenn ich Kinder hätt, um die Kinder kümmern, mit denen Hausaufgaben machen, wenn die was nicht verstanden haben. Dann würd ich halt abends, wenn die schon im Bett sind und mein Mann sich um die kümmert, dann würd ich halt meinen Sport machen.

Was ist dein allergrößter Wunsch?
Ein Pferd, weil ich Pferde einfach schön find und dass die halt so schnell sind, da kann man drauf reiten und kann man sich um die kümmern.

Wo siehst du die größten Probleme in der Welt und warum?
Dass es Diebe gibt und dass manche an Zigaretten leiden, dass die nicht aufhören können zu rauchen. Das hätt ich abgeschafft gleich mal und die Bild-Zeitung, weil da meist nur Schrott drin ist. **Was kann man dagegen tun?** Einfach die Zigaretten verbieten, dass die nicht mehr hergestellt werden dürfen, und bei der Bild-Zeitung vielleicht auch.

Glaubst du an Gott?
Ja. **Wie stellst du ihn dir vor?** Der ist ganz groß, viel größer als alle andern, fast so groß wie der Himmel und der hat halt immer 'n ganz buntes Gewand an, 'n langes, hat 'ne Kreuzkette um und hat 'ne Krone auf, aber nicht so 'ne Dornenkrone, sondern ganz normale Krone.

Was war das Tollste, was dir je passiert ist?
Dass ich Freunde gefunden hab, des fand ich echt schön, da war ich einfach richtig glücklich den ganzen Tag und dass ich so 'ne nette Lehrerin gekriegt hab.

Wenn du Chef von Deutschland wärst, was würdest du machen, worum würdest du dich kümmern?
Ich würd mich um die Kinder kümmern und um die Erwachsenen, dass die Spaß haben und dass es mehr Spielplätze gibt für die Kinder und dass es ganz große Tobeplätze gibt und dass die Kinder halt auch 'n ganz großen Garten haben, dass sie spielen können. Und die Erwachsenen: Dass die halt nicht immer so oft kochen müssen und dass die sich nicht immer aufregen müssen, dass die Welt glücklich ist.

College
35

BHAWNA, 9 JAHRE

Erzähl mal, was du so machst, wenn du mit den Hausaufgaben fertig bist.
Ich wiederhole, was ich in der Schule gemacht habe. Dann darf ich raus und spiel mit meiner Freundin, Fangen, Verstecken und Blinde Kuh.

Wieso sind Freunde wichtig im Leben?
Weil die ganz nett zu mir sind und wenn die irgendwo hingehen, dann nehmen sie mich mit. Und meine Freundin spielt jeden Tag mit mir.

Wovor fürchtest du dich?
Vor nichts.

Was kannst du richtig gut?
Mathe. Ich übe jeden Tag zuhause und da verbesser ich mich immer. **Was würdest du gerne besser können oder an dir anders haben wollen?**
Deutsch.

Welchen Beruf kannst du dir für dich vorstellen?
Zeichnen. Menschen zeichnen. Das macht mir immer Spaß. Wenn ich Hausarrest habe, dann male ich jeden Tag. Ich bin einmal spät nach Hause gekommen, dann habe ich Hausarrest bekommen.

Gibt es was, was die Deutschen richtig gut können?
Sprechen und Englisch reden. **Gibt es Dinge, die andere Länder besonders gut machen?** Ägypten. Die machen Pyramiden. Das gefällt mir, sieht schön aus!

Was gefällt dir am Kindsein?
Als Kind erlebe ich viel. Wenn man stirbt, wird man wiedergeboren. **Was stört dich am Kindsein?** Wenn ich schnell renne, tut mein Herz weh.

Stell dir mal vor, du bist erwachsen. Beschreib, wie du bist.
Dann hab ich ein eigenes Haus und lebe alleine. Ich mach meinen Job, den ich mir gewünscht habe, Zeichnen. Ich kann Menschen zeichnen und schreib auch Geschichten dazu. Ich mach Bücher.

Was ist dein allergrößter Wunsch?
Mein größter Wunsch ist, dass ich meinen Opa und meine Oma wiedersehe.

Wo siehst du die größten Probleme in der Welt?
Mein Bruder. Der nervt mich immer. Ich ignorier ihn, mach einfach weiter, was ich grad mache, aber er nervt trotzdem die ganze Zeit.

Glaubst du an Gott?
Ja. **Wie stellst du ihn dir vor?** Der hat drei Arme. Ich hab eine Kette von dem. An den denk ich immer. In Indien heißt er »Jasandoschimatadi«.

Was war das Tollste, was dir je passiert ist?
Als ich das erste Mal ins Schwimmen gegangen bin. Ich war vorher noch nie im Schwimmbad. Da musste ich gucken, dass ich nicht runterfalle.

Wenn du Chef von Deutschland wärst, was würdest du machen, worum würdest du dich kümmern?
Um die Tiere, dass sie nicht sterben. Mein Papa sagt immer, ich soll nicht Tiere töten. Das mach ich auch nicht. Zum Beispiel Löwen: Als ich ein Baby war, habe ich einmal einen kleinen Löwen gesehen und durfte ihn streicheln. Das war in einem indischen Laden. Ich will auch kein Fleisch essen.

CAN, 8 JAHRE

Erzähl mal, was du so machst, wenn du mit den Hausaufgaben fertig bist.
Dann geh ich raus und spiel bisschen mit meinen Freunden Fußball. Oder wir gehen in die Turnhalle und fahren Skateboard.

Wieso sind Freunde wichtig im Leben?
Damit das Leben einen Sinn hat und damit man viel Freunde hat im Leben.

Wovor fürchtest du dich?
Vor gar nichts.

Was kannst du richtig gut?
Boxen. Aber ich kann mit niemand trainieren, die haben Schiss. **Was würdest du gerne besser können oder an dir anders haben wollen?** In der Schule wär ich gern besser. Ich müsste zuhause mehr üben.

Welchen Beruf kannst du dir für dich vorstellen?
Bauarbeiter. Ich kann gut zeichnen, ich bin kreativ und ich kann schwere Sachen tragen. Ich spiel mit dem Gedanken, Architektur zu machen. Wenn ich schlecht in der Schule bin, komm ich bestimmt auf Bauarbeiter, und wenn ich gut bin, auf jeden Fall Architektur. Da muss man von Land zu Land reisen, ich werde Sachen ausgraben und Geheimnisvolles finden.

Gibt es was, was die Deutschen richtig gut können?
Es gibt einen Jungen in meinem Hort, der kann mich besonders gut nerven. **Gibt es Dinge, die andere Länder besonders gut machen?** Amerika. Die können ohne Werkzeuge in der Wildnis auskommen, Sachen bauen und so.

Was gefällt dir am Kindsein?
Mir gefällt daran, dass ich noch lerne, wie das Leben ist und wie gut ich es habe. Es gibt Kinder in anderen Ländern, denen geht es nicht so gut. **Was stört dich am Kindsein?** Dass man nicht immer tun kann, was man will.

Stell dir mal vor, du bist erwachsen. Beschreib, wie du bist.
Ich steh auf, zieh mich an, geh zur Arbeit. Danach geh ich nach Hause, ruh mich aus und dann geh ich schlafen.

Was ist dein allergrößter Wunsch?
Groß zu werden. Dann kann ich alleine durch die Welt reisen und in die Stadt gehen und so.

Wo siehst du die größten Probleme in der Welt?
Krieg, weil dort mehrere tausend Menschen sterben. **Was kann man dagegen tun?** Dem Kriegsminister seinen Standort zerstören, damit die keine Waffen mehr haben.

Glaubst du an Gott?
Ja. **Wie stellst du ihn dir vor?** Der ist groß, hat einen weißen Bart, einen weißen Kittel und man sieht ihn nicht.

Was war das Tollste, was dir je passiert ist?
Das Tollste, was mir je passiert ist, ist diese Schule!

Wenn du Chef von Deutschland wärst, was würdest du machen, worum würdest du dich kümmern?
Dass es den Leuten gut geht, dass niemand auf der Straße wohnt und dass jeder genug Geld hat, um seine Kinder zu versorgen und weiterzuleben.

DELTAPRO
SHIFTERS

MAXIMILIAN, 9 JAHRE

Erzähl mal, was du so machst, wenn du mit den Hausaufgaben fertig bist.
Dann geh ich meistens raus auf die Straße und spiele mit meinen Freunden, Räuber und Gendarm und wir fahren mit dem Fahrrad durch die Straßen und spielen, dass wir auf Schiffen fahren. Wir sind so Passagierschiffe mit der Küstenwache. Jeden Dienstag um halb sechs hab ich Klavier.

Wieso sind Freunde wichtig im Leben?
Weil man mit denen spielen kann und weil ich sonst nicht wüsste, was ich machen kann.

Wovor fürchtest du dich?
Vor Löwen, vor Raubtieren und vor 'nem Wal. Das ist ja so ein ganz großes Tier.

Was kannst du richtig gut?
Mathe. Das mach ich gerne. **Was würdest du gerne besser können oder an dir anders haben wollen?** Ja, irgendwie Deutsch, das möchte ich gerne besser können, auch wenn es nicht grad so schlecht ist. Ich will bei meinem Papa arbeiten, der hat 'ne Werbeagentur, und da muss man gut schreiben können.

Welchen Beruf kannst du dir für dich vorstellen?
Den Beruf, den mein Papa auch macht. Das ist der Chef von 'ner Firma und die drucken halt, aber was der genau macht, weiß ich nicht. Das sieht immer toll aus, was die machen. Wenn ich da arbeite, bräucht ich nicht mal 'nen Vertrag.

Gibt es was, was die Deutschen richtig gut können?
Da gibt es eigentlich ganz viel, aber es fällt mir jetzt nichts ein. So ist es immer. Mir fällt immer was ein, wenn ich's nicht brauch und wenn ich's dann benutzen muss, fällt's mir nicht ein … Ah! Die machen voll leckere Brezeln, ich glaube, die wurden auch in Deutschland erfunden. **Gibt es Dinge, die andere Länder besonders gut machen?** Mmh ja, die Franzosen machen voll leckeren Käse.

Was gefällt dir am Kindsein?
Man ist klein und kann sich fast überall verstecken. Ja. Und man lernt halt auch noch was. Als Erwachsener muss man ja nichts mehr lernen, weil die haben als Kind ja schon ganz viel gelernt. **Stört dich was am Kindsein?** Einerseits ist es gut, klein zu sein, aber andererseits ist es schlecht. Dann ärgern die Jugendlichen einen: »Oh Gott, wie klein du bist!« Das nervt total.

Stell dir mal vor, du bist erwachsen. Wie bist du, was machst du?
Ich werd halt arbeiten gehen und dann will ich mit meinem Papa, meinem Bruder und meinen zwei Freunden noch 'ne Weltreise machen in einem ganz großen Wohnwagen. Ob die Mama mitgeht, überlegen wir noch. Die ist halt etwas streng. Oder ich werd Schriftsteller, dann kann ich ein Laptop mitnehmen und alles aufschreiben auf der Fahrt.

Was ist dein allergrößter Wunsch?
Die Weltreise.

Wo siehst du die größten Probleme in der Welt und warum?
Kriege und dass die Menschen immer glauben, die könnten alle Tiere töten. Das find ich auch böse. Man müsste vielleicht Tiere züchten und dann den Jägern verbieten, dass sie sie jagen.

Glaubst du an Gott?
Ich glaub nicht an Gott direkt, aber ich glaub, dass jemand den ganzen Zauber gemacht hat, aber ich glaub jetzt nicht wirklich, dass es Gott war. Es könnte auch sein, dass es Zufall war.

Was war das Tollste, was dir je passiert ist?
An meinem neunten Geburtstag. Da haben wir ganz toll gespielt und alle hatten ganz viel Spaß und ich hab ganz tolle Geschenke bekommen. Das war ein ganz tolles Gefühl, als ob ich in Gold schwimmen würde.

Wenn du Chef von Deutschland wärst, was würdest du machen, worum würdest du dich kümmern?
Ich würde mich um die Tiere kümmern und um die Umwelt. Dass es nicht so viele Jäger gibt und Autos, die die Umwelt nicht verschmutzen. Dass es nur noch ganz wenig Umweltverschmutzung gibt. Und dass nicht so viele Bäume gefällt werden, weil ohne Bäume könnten wir nicht leben.

MEIK, 8 JAHRE

Erzähl mal, was du so machst, wenn du mit den Hausaufgaben fertig bist.
Ich spiel drin mit Lego. Mit Freunden spiele ich Playstation oder wir gehen raus.

Wieso sind Freunde wichtig im Leben?
Dass man Spaß hat. Es ist besser als alleine!

Wovor fürchtest du dich?
Mir fällt nichts ein.

Was kannst du richtig gut?
Mit Lego bauen, zum Beispiel Fahrzeuge, manchmal auch Türme oder auch Menschen. **Was würdest du gerne besser können oder an dir anders haben wollen?** Dass die Tauben nicht auf unser Dach gehen. Die sind so laut.

Welchen Beruf kannst du dir für dich vorstellen?
Weiß nicht.

Gibt es was, was die Deutschen richtig gut können?
Fällt mir nichts ein. **Gibt es Dinge, die andere Länder besonders gut machen?** Ich war mal in Italien und in Spanien … weiß nicht.

Was gefällt dir am Kindsein?
Dass ich mehr Spaß hab! **Was stört dich am Kindsein?** Nichts.

Stell dir mal vor, du bist erwachsen. Beschreib, wie du bist.
Kann ich mir nicht vorstellen.

Was ist dein allergrößter Wunsch?
Dass meine Playstation nicht kaputt wäre. Die macht nur eine CD, kann nichts anderes spielen.

Wo siehst du die größten Probleme in der Welt?
Dass die Autos die Luft schlechter machen.

Glaubst du an Gott?
Ja. **Wie stellst du ihn dir vor?** Unsichtbar.

Was war das Tollste, was dir je passiert ist?
Als wir in B. waren, da wohnt mein Freund, da haben wir einen Wunschsessel gefunden. Man setzt sich drauf und wünscht sich was. Als wir durch so 'n Blumengarten gegangen sind, haben wir den gefunden. Da war noch 'n Schild und da stand drauf: »Wunschsessel«. Dann kam eine Frau und hat uns erklärt, wie man das macht: Man soll nicht die Beine immer hin und her schwingen, sondern ruhig drauf sitzen und an den Wunsch denken. Sie hat aber nicht gesagt, wie lange es dauert, bis er in Erfüllung geht.

Wenn du Chef von Deutschland wärst, was würdest du machen, worum würdest du dich kümmern?
Dass der Bürgermeister nicht alle Bäume absägt. Er will das machen, hat mir mein Freund gesagt. Warum er das will, weiß ich nicht.

TONI, 9 JAHRE

Erzähl mal, was du so machst, wenn du mit den Hausaufgaben fertig bist.
Das ist verschieden, ich spiel immer was anderes. Manchmal spiel ich Playstation und X-Box, aber nur an den Wochenenden und in den Ferien, unter der Woche tu ich fernsehen.

Wieso sind Freunde wichtig im Leben?
Dass die da sind, wenn ... Es fällt mir gerade nichts ein.

Wovor fürchtest du dich?
Vor der Nacht, weil da bekomm ich immer so Angst, wenn es dunkel ist.

Was kannst du richtig gut?
Ich kann richtig gut reiten und rückenschwimmen. **Was würdest du gerne besser können oder an dir anders haben wollen?** Nichts.

Welchen Beruf kannst du dir für dich vorstellen?
Von Beruf Sohn, da brauch ich gar nicht zu arbeiten und bekomm trotzdem Geld. Das hat mir mein Papa erzählt. Er hat mir erklärt, wie dieser Job geht.

Gibt es was, was die Deutschen richtig gut können?
Deutsch reden. **Gibt es Dinge, die andere Länder besonders gut machen?** In Ländern, wo man Englisch spricht, da können die Deutschen es manchmal nicht so gut aussprechen.

Was gefällt dir am Kindsein?
Kind zu sein macht schon Spaß, aber ich weiß nicht ... stören tut mich eigentlich nichts.

Stell dir mal vor, du bist erwachsen. Beschreib, wie du bist.
Weiß ich noch nicht.

Was ist dein allergrößter Wunsch?
Eine Million Dollar zu kriegen. Ich tät mir einen Privatjet kaufen und ein eigenes Schiff und viele Sachen einkaufen.

Wo siehst du die größten Probleme in der Welt?
Dass Meteoriten einschlagen können.

Glaubst du an Gott?
Ja. **Wie stellst du ihn dir vor?** Keine Ahnung.

Was war das Tollste, was dir je passiert ist?
Ich weiß keins.

Wenn du Chef von Deutschland wärst, was würdest du machen, worum würdest du dich kümmern?
Ich würde mich um das Land kümmern und eigentlich nichts Besonderes.

NIKE

ISMAIL, 9 JAHRE

Erzähl mal, was du so machst, wenn du mit den Hausaufgaben fertig bist.
Ich schau nach meiner Schwester und helf meiner Mutter bei der Hausarbeit. Wasch die Türen und die Teller und so. Und dann geh ich manchmal raus zu meinen Freunden und um Fahrrad zu fahren. Am Dienstag und am Freitag geh ich zum Ringen.

Wieso sind Freunde wichtig im Leben?
Weil die helfen. Ich bin zum Beispiel schon mal vom Fahrrad geflogen und die haben den Krankenwagen geholt und meine Mama. Freunde sind sehr wichtig und man kann sie sich nicht einfach so aussuchen. Das ist echt schwer, wenn man richtige Freunde finden will.

Wovor fürchtest du dich?
Jemand hat mir mal mein Fahrrad geklaut und zerschrottet. Ich trau mich jetzt grad nicht mehr, Fahrrad zu fahren.

Was kannst du richtig gut?
Ich kann ganz weit Fahrrad fahren und meinen Freunden gut behilflich sein. Und ich kann gut auf meine Schwester aufpassen, wenn meine Familie weggehen und was besprechen muss, zum Beispiel in der Bank. **Was würdest du gerne besser können oder an dir anders haben wollen?**
Ja, besser im Ringen. Aber ich kann manchmal nicht hingehen, weil ich auf meine Schwester aufpassen muss.

Welchen Beruf kannst du dir für dich vorstellen?
Polizei oder Feuerwehr. Einmal ist bei meiner Oma was verbrannt und dann hab ich ganz schnelle Wasser geholt und es gelöscht. Bei Polizei will ich, dass man die Bösen gut macht und jeder auf der Welt gut ist.

Gibt es was, was die Deutschen richtig gut können?
Die können große Firmen aufbauen. In der Türkei können sie das nicht so, aber dafür gibt es mehrere Strände. **Gibt es Dinge, die andere Länder besonders gut machen?** In Ghana können sie viel besser auf sich selbst aufpassen und können mit Tieren kommunizieren. Die können Elefanten beibringen, was sie tun sollen.

Was gefällt dir am Kindsein?
Dass man Spaß haben kann. Wenn man groß ist, kann man nicht so viel Spaß haben. Ich kann mit Freunden spielen und an der Schule was lernen. Wenn man groß ist, kann man nichts lernen ... schon, aber nicht viel. **Was stört dich am Kindsein?** Wenn ich was holen muss, ist es manchmal zu hoch und da kann ich nicht hinreichen.

Stell dir mal vor, du bist erwachsen. Beschreib, wie du bist.
Da wär ich mit dem Auto weggegangen, zum Fluss und zur Arbeit. Wenn ich nach Hause komme und Kinder hätte, dann geh ich mit denen raus. Ich würd in der Türkei leben und in Deutschland. Türkei mag ich und Deutschland auch.

Was ist dein allergrößter Wunsch?
Ich möchte ein neues Fahrrad, weil meins kaputt ist.

Wo siehst du die größten Probleme in der Welt?
Wenn man erwachsen ist, Kinder hat und kein Geld hat. Oder wenn man ein Kind ist und hat keine Eltern, weil die gestorben sind. So ein Kind könnte man aufnehmen in seine Familie.

Glaubst du an Gott?
Ja. **Wie stellst du ihn dir vor?** Dass er ganz groß ist. Der ist der Mittelpunkt der Welt. Der bestimmt, was die Leute tun, und wenn er was will, dann passiert das auch.

Was war das Tollste, was dir je passiert ist?
Als ich fünf Jahre war, hab ich geschlafen. Und da sind meine Opas und Omas gekommen, die vier halt. Und am nächsten Tag hatte ich Geburtstag und die haben mir alle einen Überraschungsgeburtstag gemacht. Die sind extra aus der Türkei gekommen.

Wenn du Chef von Deutschland wärst, was würdest du machen, worum würdest du dich kümmern?
Ich würde mich um die Luft kümmern, um die Autogase. Die Firmen sollen es besser machen. Die Kinder sollen mehr Platz zum Spielen haben, mehr Spielplätze. Ich würde mehr Moscheen machen und Kirchen für die Deutschen. Und ich würde nach den Armen gucken, hätte den Armen geholfen, dass sie mehr Geld haben und dass es ihnen gut geht und sie fröhlich sind.

ANNA, 9 JAHRE

Erzähl mal, was du so machst, wenn du mit den Hausaufgaben fertig bist.
Das kommt drauf an, wie's in der Schule war. Wenn ich mich gefreut hab, dann spiel ich mit den Jungs vielleicht Prinzessin, Piraten manchmal auch. Wenn's in der Schule schlecht war, dann spiel ich halt fast nie mit den Jungs, weil das nervt mich dann immer, wenn die dann anfangen zu schreien. Ich spiel auch manchmal mit den Meerschweinchen. Aber eins ist tot, weil es der Hund erschreckt hat.

Wieso sind Freunde wichtig im Leben?
Ohne die ist es halt langweilig und man ist ganz allein, das ist blöd.

Wovor fürchtest du dich?
Vor der Dunkelheit. Vor den Jungs fürcht ich mich nicht. Meine Mama sagt, ich sei selber fast wie ein Junge, weil ich streit mich ganz oft.

Was kannst du richtig gut?
Keine Ahnung. Mama sagt, ich bin viel gelenkiger, als sie als Kind war. Ich krieg meine Zehen bis zum Mund. **Was würdest du gerne besser können oder an dir anders haben wollen?**
Ich wär gerne besser am Reck, weil den blöden Felgaufschwung krieg ich einfach nie hin.

Welchen Beruf kannst du dir für dich vorstellen?
Also ich würd gern mal Tierärztin werden, weil ich so gern mit Pferden und anderen Tieren zusammen bin. Aber wir haben nur einen Vogel, der piepst.

Gibt es was, was die Deutschen richtig gut können?
Nee. **Gibt es Dinge, die andere Länder besonders gut machen?** Keine Ahnung.

Was gefällt dir am Kindsein?
Weil, wenn man Kind ist, hat man halt Schule, danach Hausaufgaben und danach richtig viel Freizeit. Als Erwachsener muss man halt richtig viel arbeiten gehen und manche arbeiten von morgens bis abends. Als Kind kann man halt zu Freundinnen gehen. **Was stört dich am Kindsein?** Als Kind hat man Vorschriften von Erwachsenen und muss halt machen, was die wollen, und das find ich halt blöd.

Stell dir mal vor, du bist erwachsen. Beschreib, wie du bist.
Dann bin ich wahrscheinlich wie Mama. Die ist ganz ausgelassen bei der Arbeit. Das findet zwar ihr Chef blöd, weil der motzt dann immer ein bisschen.

Was ist dein allergrößter Wunsch?
Viele Tiere zu haben. Mit denen kann man reden und die plappern's keinem weiter.

Wo siehst du die größten Probleme in der Welt?
Dass es Räuber gibt und Leute, die andere überfallen und manchmal sogar töten. **Was kann man dagegen tun?**
Die alle einfangen und ins Gefängnis stecken.

Glaubst du an Gott?
Ja. **Wie stellst du ihn dir vor?** Wie ein normaler Mensch, nur dass er halt mächtig ist.

Was war das Tollste, was dir je passiert ist?
Dass ich so 'ne Freundin hab wie Aysha ist. Die ist aber leider weggezogen. Ja, das ist das Tollste auf der Welt, so eine Freundin wie Aysha zu haben, die immer für einen da ist. Selbst wenn sie jetzt nicht mehr hier ist, kann ich immer mit ihr telefonieren. Ich weiß noch, wie wir uns im Kindergarten begegnet sind: ich war ganz alleine und dann ist Aysha gekommen und hat mit mir gespielt.

Wenn du Chef von Deutschland wärst, was würdest du machen, worum würdest du dich kümmern?
Mir wäre wichtig, dass die Tiere den Winter überleben, dass sie nicht sterben, wenn's ganz kalt ist. Und ich würde die Fabriken, die ganz nah am Wald sind, ein bisschen weiter weg machen. Also ich würd mich um die Natur kümmern.

MERT, 9 JAHRE

Erzähl mal, was du so machst, wenn du von der Schule nach Hause kommst.
Ich ruf meine Freunde an, geh raus und spiel Fußball. Oder ich spiel mit meiner Schwester oder Nintendo DS. Ich bin auch im Fußballverein.

Wieso sind Freunde wichtig im Leben?
Für mich sind die wichtig, weil wenn man zum Beispiel keine Schwester hat, dann ist einem langweilig. Mit denen kann man spielen.

Wovor fürchtest du dich?
Spinnen oder giftige Schlangen. Oder wenn ich Nacktschnecken angucke, das ist so ekelig! Das hasse ich!

Was kannst du richtig gut?
Mathematik, Englisch, Fußballspielen und schnell rennen. **Was würdest du gerne besser können oder an dir anders haben wollen?** In Deutsch will ich mich verbessern.

Welchen Beruf kannst du dir für dich vorstellen?
Fußballer ist für mich gut, weil ich bin sportlich. Und wenn ich größer werde, werd ich immer sportlicher.

Gibt es was, was die Deutschen richtig gut können?
Ja. Die Deutschen haben dieses Tor in Berlin erfunden. Das ist schön. Und dass es hier Wälder gibt und die Polizisten nett sind. **Gibt es Dinge, die andere Länder besonders gut können?** Nein.

Was gefällt dir am Kindsein?
Jeder mag mich und ich krieg, was ich will. **Stört dich was am Kindsein?** Nein.

Stell dir mal vor, du bist erwachsen. Beschreib, wie du bist.
Ich bin Fußballer. Ich hab dann braune Augen. Ich würd dann heiraten und zwei Kinder haben, so kleine Babys.

Was ist dein allergrößter Wunsch?
Ich will der weltbeste Fußballspieler sein. Das ist mein größter Wunsch.

Wo siehst du die größten Probleme in der Welt und warum?
Wenn es Weltkriege gibt, das ist ein Problem. Jeder streitet sich mit anderen. Jetzt hat die Türkei mit Irak Krieg. Und ich hab eine Freundin, die ist Kurdin. **Was kann man dagegen machen?** Man soll so nicht denken und Freunde sein.

Glaubst du an Gott?
Ja. **Wie stellst du ihn dir vor?** Das kann man sich nicht vorstellen. Der ist so groß!

Was war das Tollste, was dir je passiert ist?
Dass wir mit meiner Familie picknicken gegangen sind.

Wenn du Chef von Deutschland wärst, was würdest du machen, worum würdest du dich kümmern?
Ich würd den Armen in Amerika helfen, Essen geben und ein Haus schenken mit Bodyguards. Und dass kein Weltkrieg ist.

adidas

NELE, 8 JAHRE

Erzähl mal, was du so machst, wenn du mit den Hausaufgaben fertig bist. Dann spiele ich meistens mit meinem Bruder wenn er schon zuhause ist von der Schule, oder ich mal was.

Wieso sind Freunde wichtig im Leben? Zum Beispiel in der Schule in der großen Pause, wenn man keine hat, dann fühlt man sich immer ganz alleine, wenn da so zweihundert Schüler neben einem stehen. Und Freunde sind auch dazu da, dass man mal Spaß hat. Ein guter Freund sollte nicht lügen und einen anschreien.

Wovor fürchtest du dich? Ich mag so große Spinnen nicht. Wenn ich abends allein in einem Raum bin, den ich eigentlich gar nicht kenne, dann fürchte ich mich.

Was kannst du richtig gut? Ich kann richtig gut mit Tieren spielen. Ich kann auch gut malen, ich glaube, das hat mir mein Bruder vererbt. **Was würdest du gerne besser können oder an dir anders haben wollen?** Nichts.

Welchen Beruf kannst du dir für dich vorstellen? Ich wollte früher immer Tierärztin werden, aber ich habe mich umentschieden. Ich würde jetzt gerne in einem Tierheim arbeiten, die heilen auch Tiere, aber ohne Spritzen oder so. Auf alle Fälle was mit Tieren.

Gibt es was, was die Deutschen richtig gut können? Was die Deutschen insgesamt gut können, dazu fällt mir jetzt gerade nichts ein, aber meine Oma, die macht einen ganz tollen Apfelpfannkuchen. **Gibt es Dinge, die andere Länder besonders gut machen?** Die Italiener können am besten Pizza backen.

Was gefällt dir am Kindsein?
Weil man da einfach immer spielen kann und man lernt auch immer was. Erwachsene, die wissen die meisten Sachen einfach schon. Man hat auch mal Zeit, für sich allein zu sein. Wenn man erwachsen ist und Kinder hat, muss man ja dauernd irgendwelche Sachen waschen und bügeln und putzen. Und als Kind, wenn man die Hausaufgaben gemacht hat, kann man einfach mal auf sein Zimmer gehen und nichts tun. **Stört dich was am Kindsein?** Ich würde irgendwie gerne schneller erwachsen werden. Ich habe eine Tierhaarallergie und meine Mutter sagt immer, dass es in der Pubertät dann besser wird und darauf freue ich mich. Dann kann ich vielleicht auch mal ein Haustier haben.

Stell dir mal vor, du bist erwachsen. Beschreib, wie du bist.
So einen Tagesablauf könnte ich mir schon vorstellen. Ich steh am Morgen auf und esse ein bisschen was, dann geh ich zur Arbeit, für die Mittagspause hol ich mir ein Brötchen, dann geh ich wieder zurück zur Arbeit. Abends würde ich nach Hause kommen, den Fernseher anmachen und ins Bett gehen.

Was ist dein allergrößter Wunsch?
Dass ich irgendwann mal einen Hund habe, dann hat man immer jemanden, mit dem man sprechen und spielen kann. Man hat dann einfach einen Freund.

Wo siehst du die größten Probleme in der Welt?
Ich finde es immer so doof, dass es in einem Land immer so heiß ist und da vertrocknet alles und in anderen gibt es Überschwemmungen. Mein Vater hat gesagt, in hundert Jahren gibt es keine Eisbären mehr wegen der Erwärmung, und das finde ich doof. **Was kann man dagegen tun?** Man sollte einfach viel weniger Auto fahren, man kann ja auch Rad fahren und laufen ist ja auch nicht sehr schlimm. In anderen Ländern laufen die ja auch eine Stunde zur Schule.

Glaubst du an Gott?
Ja. **Wie stellst du ihn dir vor?** Ich stell mir vor, dass das einfach ein Mann ist, der dir, wenn er kann, einfach jeden Wunsch erfüllt. Ich bete abends auch immer, und ich glaub da halt dran, dass es den wirklich gibt, und wenn ich mir was ganz fest wünsche, dann ist es auch schon in Erfüllung gegangen und dann habe ich gedacht: Vielleicht war er es.

Was war das Tollste, was dir je passiert ist?
Ich fand es ganz toll, als ich zu meinen Nachbarn ging, da war der Hund gerade gestorben, und ein paar Tage später, da hatte mein Nachbar einen ganz winzigen Schäferhund und ich fand den so süß, weil man sich einen Schäferhund halt immer ganz groß vorstellt, aber der war noch ganz klein und tatterig.

Wenn du Chef von Deutschland wärst, was würdest du machen, worum würdest du dich kümmern?
Ich würde mich darum kümmern, dass keine Kinder und Erwachsene mehr einfach auf der Straße liegen und aus Mülltonnen essen. Und auch, dass es nicht mehr so ist, dass Tiere einfach so auf der Straße ausgesetzt werden.

TOMO, 9 JAHRE

Erzähl mal, was du so machst, wenn du mit den Hausaufgaben fertig bist.
Am Freitag geh ich ins Karate. Ich lern für die Schule und ich spiel gern Mensch-ärger-dich-nicht, Schach und Lernspiele. Manchmal geh ich auf den Spielplatz mit Freunden.

Wieso sind Freunde wichtig im Leben?
Dass man Spaß hat und dass man nicht allein ist.

Wovor fürchtest du dich?
Vor Clowns. Die sehen schrecklich aus.

Was kannst du richtig gut?
Karate, Kampfsport. Das kann ich gut, weil es mir Spaß macht. **Was würdest du gerne besser können oder an dir anders haben wollen?** Eigentlich nichts, eigentlich bin ich froh, wie ich bin.

Welchen Beruf kannst du dir für dich vorstellen?
Karatetrainer und Bibliothekar. Bei Bibliothekar kann man immer was lernen und die Kinder, die kommen, beraten. Und bei Karate: ich mag eben Kampfsportarten und tu gerne andern was beibringen.

Gibt es was, was die Deutschen richtig gut können?
Sie können sehr gut essen und sie sind meistens auch sehr klug. **Gibt es Dinge, die andere Länder besonders gut machen?** Also in Serbien, da wo ich herkomm, da sind die Menschen sehr klug und können am besten Schach spielen.

Was gefällt dir am Kindsein?
Dass ich da noch lange leben kann und viel Sachen ausprobieren kann. **Was stört dich am Kindsein?** Dass ich so früh ins Bett muss.

Stell dir mal vor, du bist erwachsen. Beschreib, wie du bist.
Ich steh um sechs auf, frühstücke, geh zur Arbeit, ich wär auch nett und dann geh ich wieder nach Hause. Ich wohn in Amerika und hab Familie.

Was ist dein allergrößter Wunsch?
Ich bin Fan von einem Schauspieler, Claude Vandamme, den würd ich gern treffen.

Wo siehst du die größten Probleme in der Welt?
Der Abfall, der Schmutz und dass so viele Kinder arm sind. Die Krankenhäuser sollten umsonst behandeln und das Essen muss günstiger sein.

Glaubst du an Gott?
Ja. **Wie stellst du ihn dir vor?** Groß, weiß, mit einem Bart.

Was war das Tollste, was dir je passiert ist?
Dass ich sehr gute Noten hab und gut in Karate bin.

Wenn du Chef von Deutschland wärst, was würdest du machen, worum würdest du dich kümmern?
Ich würde für weniger Abfall sorgen, für günstige Krankenhäuser, und ich würde den Armen helfen.

Tom Tailor

543/22A

VALERIAN, 9 JAHRE

Erzähl mal, was du so machst, wenn du mit den Hausaufgaben fertig bist.
Wir haben eine Bühne in unserem Haus. Wir haben da so Matten, da leg ich mich drauf und lese Comics. Ich spiele auch Schlagzeug.

Wieso sind Freunde wichtig im Leben?
Wenn ich in Schwierigkeiten bin, dass sie mir dann helfen und dass wir zusammen spielen können.

Wovor fürchtest du dich?
Im Dunkeln.

Was kannst du richtig gut?
Meinen Bruder ärgern. **Was würdest du gerne besser können oder an dir anders haben wollen?** Nichts.

Welchen Beruf kannst du dir für dich vorstellen?
Tierpfleger oder Forscher. Ich möchte was für die Tiere tun und den Umweltschutz.

Gibt es was, was die Deutschen richtig gut können?
Nein. **Gibt es Dinge, die andere Länder besonders gut machen?** Brasilien kann gut Fußball spielen.

Was gefällt dir am Kindsein?
Fußball spielen können die Erwachsenen nicht mehr so gut. **Was stört dich am Kindsein?** Man muss immer sofort aufstehen. Und die Hausaufgaben.

Stell dir mal vor, du bist erwachsen. Beschreib, wie du bist.
Ich würde in die Wildnis gehen, zum Beispiel nach Afrika, mit Kollegen und mit meiner Familie.

Was ist dein allergrößter Wunsch?
Ein Vogel zu sein, wäre schön und über die Stadt zu fliegen.

Wo siehst du die größten Probleme in der Welt?
Krieg. **Was kann man dagegen tun?** Frieden machen.

Glaubst du an Gott?
Ja. **Wie stellst du ihn dir vor?** Er ist groß, hat einen weißen Umhang und ist in den Wolken mit den Engeln.

Was war das Tollste, was dir je passiert ist?
Ein schöner Kindergeburtstag. Da sind wir in einen Park gefahren! Da gab es einen Riesenspielplatz und Tiere und ein großes Luftkissen.

Wenn du Chef von Deutschland wärst, was würdest du machen, worum würdest du dich kümmern?
Dass es nicht mehr so viel Streit gibt und dass es genug Wälder gibt für die Tiere. Weil viele Tierarten ja aussterben und dann gibt es sie einfach nicht mehr.

BEATE, 9 JAHRE

Erzähl mal, was du so machst, wenn du mit den Hausaufgaben fertig bist.
Dann geh ich manchmal zu meinen Freundinnen. Jennifer ist meine Nachbarin, aber auch meine Freundin. Gestern haben wir beim Stallbauen geholfen. Jennifer bekommt ein neues Pferd. Manchmal kommt mein Cousin und dann spielen wir zusammen oder ich spiel einfach mit meiner Schwester.

Wieso sind Freunde wichtig im Leben?
Weil, die sind immer für einen da und mit denen kann man spielen.

Wovor fürchtest du dich?
Vor nichts.

Was kannst du richtig gut?
Eigentlich nichts, glaub' ich. **Was würdest du gerne besser können oder an dir anders haben wollen?** Nichts.

Welchen Beruf kannst du dir für dich vorstellen?
Das ist immer verschieden, was ich machen will. Manchmal sag ich Friseurin, manchmal sag ich, ich will Tänzerin werden, manchmal will ich Sängerin werden. Bei Tänzerin gefällt mir, dass man da auftreten kann vor Leuten, und bei Sängerin auch. Bei Friseurin gefällt mir, dass man berühmten Leuten die Haare machen kann.

Gibt es was, was die Deutschen richtig gut können?
Nö. **Gibt es Dinge, die andere Länder besonders gut machen?** Nö.

Was gefällt dir am Kindsein?
Man kann noch mehr Sachen machen als Erwachsene. Zum Beispiel können wir noch rutschen und das können Erwachsene nicht mehr. **Was stört dich am Kindsein?** Weil man manche Sachen nicht darf.

Stell dir mal vor, du bist erwachsen. Beschreib, wie du bist.
Ich würd vielleicht gern mal den Stall übernehmen, den wir haben.

Was ist dein allergrößter Wunsch?
Dass wir mal ans Meer gehen. Ich will auch gern mal ans Meer, aber das können wir nicht, weil wir den Stall haben.

Wo siehst du die größten Probleme in der Welt?
Den Tod. Mein Opa ist auch gestorben und der Mensch ist dann nicht mehr da.

Glaubst du an Gott?
Ja. **Wie stellst du ihn dir vor?** Dass er wie ein Mensch ist.

Was war das Tollste, was dir je passiert ist?
Dass wir mal in den Urlaub können, weil wir waren mal in der Pfalz und wir gehen jedes Jahr einmal in den Europapark mit Übernachten. Es ist schön, wenn man mal zwei Tage weg ist von daheim und was anderes machen kann.

Wenn du Chef von Deutschland wärst, was würdest du machen, worum würdest du dich kümmern?
Ich würd das Rauchen verbieten, weil es nicht gut ist für die Menschen. Und ich würde machen, dass jedes Kind ein kleines Haustier haben darf, außer die, die allergisch sind. Da ist es ja okay, wenn man keins kriegt.

PAULINE, 8 JAHRE

Erzähl mal, was du so machst, wenn du mit den Hausaufgaben fertig bist. Dann spiele ich meistens oder klingle bei meinen Freunden und spiele mit denen. Meine Lieblingsbeschäftigung ist eigentlich, Kuscheltiere zu halten. Naja, manche mögen das nicht, aber ich. Ich spiele dann, dass ich denen Mittagessen mache oder spiele, dass eines Geburtstag hat, oder dass eines von denen krank ist. Außerdem gehe ich heute ins Turnen. Dann ruf ich meine Freundin an, ob sie mit mir zum Sport laufen will. Dann spiele ich noch Klavier.

Wieso sind Freunde wichtig im Leben? Weil man mit denen Spaß hat und man nicht so alleine ist. Aber auch weil man die so gerne hat, zum Beispiel die R., die war vorhin auch bei euch, die mag ich.

Wovor fürchtest du dich? Weiß nicht.

Was kannst du richtig gut? Schwimmen! Ich brauche keine Schwimmflügel mehr. Und Rennen und Seilhüpfen und viele andere Sachen. **Was würdest du gerne besser können oder an dir anders haben wollen?** In Sport habe ich eine Zwei, da möchte ich gerne eine Eins kriegen. Weil ich nicht so beweglich bin, aber ich mag Sport.

Welchen Beruf kannst du dir für dich vorstellen? Tierarzt oder im Zoo Tierpfleger, weil ich Tiere so mag! Aber Kinderärztin will ich vielleicht auch werden, weil Kinder auch Hilfe brauchen von Ärzten.

Gibt es was, was die Deutschen richtig gut können? Die Deutschen können gut Deutsch reden, ja. Ich muss noch ganz viel in Englisch lernen, weil ich dieses oder nächstes Jahr vor meinem Geburtstag nach Florida fliege. Und da liegen die Krokodile in echt und ohne Zaun so auf dem Parkplatz rum. Da schwimme ich mit Delfinen. **Gibt es Dinge, die andere Länder besser machen als die Deutschen?** Die Engländer, die machen … also, da hab ich mal was gehört, aber ich weiß es nicht mehr so genau.

Was gefällt dir am Kindsein? Die Erwachsenen haben nie so richtig Spaß. Die Kinder toben rum und die Erwachsenen nicht. **Stört dich was am Kindsein?** Nö.

Stell dir mal vor, du bist erwachsen. Wie bist du, was machst du? Vernünftig und ich habe dann nicht mehr so richtig Spaß mit Turnen, weil ich schon so groß bin. Dann muss ich den ganzen Tag arbeiten.

Was ist dein allergrößter Wunsch? Ein echtes Pferd und einen echten Esel! Ich mag Esel so sehr. Einmal war ich in den Bergen, da waren zwei Esel. Der eine wurde gestreichelt und der andere hat IA gemacht – der wollte auch gestreichelt werden.

Wo siehst du die größten Probleme in der Welt und warum? Schlechte Noten. Weil das steht ja auf dem Zeugnis und dann muss man zum Beispiel die dritte Klasse wiederholen. Ich bin gerade in der dritten. Also ich bin nicht so gut in Deutsch und in Mathe. Da müsste ich üben. Aber ich bin jetzt auch in der Theater AG, und da ist auch Mathe und dann kann ich nichts für Mathe machen, weil ich ja in der Theater AG bin. Ich muss dann zuhause üben. Das mache ich mit meiner Mama, die ist die meiste Zeit da. Mein Papa muss bis abends arbeiten.

Glaubst du an Gott? Ja. **Wie stellst du ihn dir vor?** Weiß nicht. Immer anders. Kein bestimmtes Bild.

Was war das Tollste, was dir je passiert ist? Als ich meinem Papa das Zeugnis gezeigt habe und dann hat er einen kleinen Leoparden hervorgeholt, aber keinen echten.

Wenn du Chef von Deutschland wärst, was würdest du machen, worum würdest du dich kümmern? Um die armen Menschen kümmern. Also meine Mama hat mal einen getroffen, der hatte keine Beine, der hatte Hunger und Durst! Da hat meine Mama dem jeden Tag etwas gekauft. Ich würde den Menschen umsonst Häuser kaufen, also Obdachlosen, weil es auch mal passieren kann, dass so ein gemeiner Verbrecher kommt und der tut dem den Bauch aufschlitzen.

PEGAH, 8 JAHRE

Erzähl mal, was du so machst, wenn du mit den Hausaufgaben fertig bist.
Dann guck ich ein bisschen Fernsehen und spiel was mit meiner Mutter, Mau Mau, Rummikup oder ein Quiz, und wenn sie einkaufen geht, dann geh ich mit. Dann tanze ich noch, geh zum Schwimmen, spiel Tennis, Flöte, und bin bei den Pfadfindern.

Wieso sind Freunde wichtig im Leben?
Wenn sich einer wehtut ist der andere da und kann ihn trösten und Hilfe holen.

Wovor fürchtest du dich?
Vor Tigern, die sind so wild. Ich hab schon mal einen im Fernsehen gesehen.

Was kannst du richtig gut?
Tennis spielen und tanzen. **Was würdest du gerne besser können oder an dir anders haben wollen?** Bei den Pfadfindern sind nur Jungs und ich will besser mit den Jungs klarkommen.

Welchen Beruf kannst du dir für dich vorstellen?
Tierärztin. Ich mag Tiere so.

Gibt es was, was die Deutschen richtig gut können?
Nö. **Gibt es Dinge, die andere Länder besonders gut machen?** Fällt mir keins ein.

Was gefällt dir am Kindsein?
Dass man in die Schule geht. **Was stört dich am Kindsein?** Nichts.

Stell dir mal vor, du bist erwachsen. Wie bist du, was machst du?
Arbeiten gehen. Wenn meine Mutter und ihr Bruder tot sind, dann krieg ich mit meinem Cousin den Dönerladen, weil meine Mutter ist die Chefin und ihr Bruder ist der Chef.

Was ist dein allergrößter Wunsch?
Wir ziehen irgendwann mal um, und ich wünsche mir einen Hund und einen Goldfisch. Ich mag Goldfische, das sind fast meine Lieblingstiere.

Wo siehst du die größten Probleme in der Welt und warum?
Dass ich eine Sechs in der Schule bekomm, weil sonst komm ich nicht ins Gymnasium.

Glaubst du an Gott?
Ja! **Wie stellst du ihn dir vor?** Weiß ich nicht. Weiß nicht, wie der aussieht.

Was war das Tollste, was dir je passiert ist?
Dass ich eine Eins bekommen habe. Ich war ganz ganz froh und meine Mama hat sich auch so gefreut. Die hat schon ganz lange gewartet, dass ich eine Eins bekomme.

Wenn du Chef von Deutschland wärst, was würdest du machen, worum würdest du dich kümmern?
Um die Menschen, dass die Läden ein bisschen weniger kosten, dass es öfter einen Zirkus gibt und mehrere Spielplätze.

STEFANO, 9 JAHRE

Erzähl mal, was du so machst, wenn du mit den Hausaufgaben fertig bist.
Spielen, zu Freunden gehen, alles Mögliche. Am liebsten Fußball und Computer. Ich bin auch im Fußballverein.

Wieso sind Freunde wichtig im Leben?
Weil sie mir Halt geben im Leben, weil sie mich trösten. Und dass man jemand hat, mit dem man Spaß haben kann und teilen kann.

Wovor fürchtest du dich?
Dass ich mal 'ne Sechs krieg. Das ist die schlechteste Note.

Was kannst du richtig gut?
Mathe. In der ersten Klasse hab ich mit meiner Mutter schon geübt. **Was würdest du gerne besser können oder an dir anders haben wollen?** Ja, Deutsch. An mir will ich nichts anders haben. Ich will so bleiben, wie ich bin.

Welchen Beruf kannst du dir für dich vorstellen?
Fußballer. Fußball ist mein Hobby, ich mag Fußball.

Gibt es was, was die Deutschen richtig gut können?
Ja. Würste! Gebraten schmecken die gut. **Gibt es Dinge, die andere Länder besonders gut machen?** In Italien sind sie gut in Technik, die haben nämlich den Ferrari erfunden. Si.

Was gefällt dir am Kindsein?
Dass man Spaß haben kann und dass man nicht arbeiten muss. Die Kinder in Afrika müssen das, die haben keinen Spaß. Das find ich blöd. **Was stört dich am Kindsein?** Dass wir in die Schule müssen.

Stell dir mal vor, du bist erwachsen. Beschreib, wie du bist.
Stress, Arbeit, nach Hause kommen, schlafen, wieder aufstehen. Als Fußballer würd ich reisen, Fußball spielen und in einer Villa wohnen.

Was ist dein allergrößter Wunsch?
Dass die Kinder in Afrika mehr Zeit hätten zum Spielen und in die Schule zu gehen. Diese Kinder haben nichts zu essen, keine Familie. Die müssen immer für sich selbst sorgen.

Wo siehst du die größten Probleme in der Welt?
Dass es sehr viele kranke Leute gibt. Dass die Kinder in Afrika kein Haus haben, kein Dach über dem Kopf. Ich hab in den Nachrichten gesehen, dass die sogar im Müll leben und das ist ganz schlecht.

Glaubst du an Gott?
Natürlich. **Wie stellst du ihn dir vor?** Groß, langer Bart und 'nen weißen Kittel.

Was war das Tollste, was dir je passiert ist?
Dass ich viele Freunde gefunden hab.

Wenn du Chef von Deutschland wärst, was würdest du machen, worum würdest du dich kümmern?
Dann würd ich erstens einige Sachen ändern. Ich würde ändern, dass es nicht mehr so viele Baustellen gibt, weil man da so Umwege fahren muss. Und dass die Leute, die jetzt keine Arbeit haben, Arbeit bekommen.

ARU, 8 JAHRE

Erzähl mal, was du so machst, wenn du mit den Hausaufgaben fertig bist.
Ich spiele ein bisschen drinnen, dann draußen. Drinnen auf der Playstation und draußen mit Bällen. Ich spiel auch Gitarre und treffe mich manchmal mit Freunden, aber nicht so oft. Meine Mutter erlaubt es nicht so.

Wieso sind Freunde wichtig im Leben?
Ohne Freunde muss man alleine spielen, mit Freunde macht es viel mehr Spaß. Man kann den Ball jemandem zuwerfen.

Wovor fürchtest du dich?
Fürchten tu ich mich am meisten vor Elefanten, Tigern und Löwen. Als Kuscheltiere mag ich sie, aber in echt nicht.

Was kannst du richtig gut?
Richtig gut kann ich Englisch. Ich hab viel gelernt im Englischkurs. **Was würdest du gerne besser können oder an dir anders haben wollen?** Fußball würde ich besser können, ich bin sehr schlecht.

Welchen Beruf kannst du dir für dich vorstellen?
Arzt. Wenn ich groß bin, will ich studieren und sehr gerne Arzt werden. Da hilft man anderen Menschen und das finde ich gut.

Gibt es was, was die Deutschen richtig gut können?
Nö. **Gibt es Dinge, die andere Länder besonders gut machen?** Die Indianer. Die holen selbst Fleisch und sie machen selbst Zelte und sie brauchen keine Häuser wie wir. Sie machen das am besten.

Was gefällt dir am Kindsein?
Also erstens, weil man oft draußen spielen kann. Wenn man erwachsen ist, muss man immer arbeiten. Spielen macht mehr Spaß. **Was stört dich am Kindsein?** Mein kleiner Bruder, er macht immer Quatsch, wenn ich spiele.

Stell dir mal vor, du bist erwachsen. Beschreib, wie du bist.
Also erstens bin ich natürlich groß. Ich kauf mir ein Haus, dann werde ich Arzt, wohne hier und hab eine Familie.

Was ist dein allergrößter Wunsch?
Mal ein richtiges großes Buch zu haben, wo viel drinsteht und mit Bildern. Ein richtiges großes Fußballbuch, ich will ja besser werden.

Wo siehst du die größten Probleme in der Welt?
Krieg, so wie in meiner Heimatstadt in Sri Lanka. Krieg, Hass, die Menschen greifen sich da an und das finde ich schrecklich. **Was kann man dagegen tun?** Man sollte den Streit beenden, Frieden machen und sich die Hand geben.

Glaubst du an Gott?
Ja. **Wie stellst du ihn dir vor?** Ich weiß nicht, wie er aussieht. Er könnte verschieden aussehen.

Was war das Tollste, was dir je passiert ist?
Also ich bin nach Stuttgart gegangen und da waren wir in einem Naturhaus, da gab es viele Sachen, und danach sind wir Essen gegangen, dann haben wir noch eine kleine Stadt besucht und sind da auf den Rummel gegangen. Das war toll.

Wenn du Chef von Deutschland wärst, was würdest du machen, worum würdest du dich kümmern?
Erst den armen Menschen helfen, die keine Arbeit haben, die brauchen ja Geld. Alle Kriege beenden und alle sind zufrieden und alles bleibt so, wie es ist.

PHILIPP, 9 JAHRE

Erzähl mal, was du so machst, wenn du mit den Hausaufgaben fertig bist.
Entweder spiele ich draußen oder ich spiele Lego in meinem Zimmer oder ich gehe zu meinem Freund rüber. Sonst mache ich Karate, ich habe jetzt einen weißen Gürtel. Mit Freunden spiele ich Jägerball oder Brennball, Fangen, Versteckі oder wir klettern auf Bäume.

Wieso sind Freunde wichtig im Leben?
Dass einem die Freunde helfen, wenn man in der Patsche sitzt.

Wovor fürchtest du dich?
Ich habe Wellensittiche, und wenn die mich mal beißen, habe ich etwas Angst.

Was kannst du richtig gut?
Fußball spielen. Mein Freund ist im Verein und der bringt mir Tricks bei. **Was würdest du gerne besser können oder an dir anders haben wollen?** Mathe.

Welchen Beruf kannst du dir für dich vorstellen?
Ich hatte bis jetzt nur Lust, bei der Polizei und im Büro zu arbeiten. In den Außendienst würde ich nicht so gerne rein, weil es da ja auch gefährlich ist, aber so nach Fußabdrücken suchen und so, das würde ich gerne machen. Oder im Labor.

Gibt es was, was die Deutschen richtig gut können?
Handball. **Gibt es Dinge, die andere Länder besonders gut machen?** Italien, im Fußball.

Was gefällt dir am Kindsein?
Dass ich nicht arbeiten muss! **Stört dich was am Kindsein?** Dass man als Kind kein Geld verdienen kann.

Stell dir mal vor, du bist erwachsen. Beschreib, wie du bist.
Als Erstes würde ich mir eine Wohnung kaufen, dann würde ich zu meinem Freund in die Nähe ziehen, da wo es nicht so laut ist, wo nicht so viele Autos rumfahren. Wenn ich gute Noten in der Schule hätte, würde ich mir auch einen guten Beruf aussuchen.

Was ist dein allergrößter Wunsch?
Mein allergrößter Wunsch ist, in den Fußballverein zu gehen. Meine Mama hat gesagt: Geh erstmal ins Karate und guck mal, ob es dir gefällt. Ich würde lieber Fußball spielen, weil ich das auch besser kann. Jetzt was Neues anfangen, was ich gar nicht kann und was ich nicht so recht machen wollte. Jetzt macht es mir schon Spaß und ich werde es auch weitermachen.

Wo siehst du die größten Probleme in der Welt?
Wenn man einen Unfall baut und der andere sagt zu einem: »Du bist's, du bist schuld, du bist's und du und du oder du!« Das ist ein Problem, und ich finde eins der großen Probleme ist, dass Leute einfach den Regenwald abbrennen und damit das Zuhause der Tiere zerstören. Wir waren in einem Park in Spanien, der war nur für eine spezielle Tierart: die Aras aus dem Urwald. Die brennen ja auch immer den Urwald ab, da konnte man eine Spende machen. Da hab ich drei Euro reingeworfen, weil ich was dagegen tun wollte!

Glaubst du an Gott?
Nee, nicht wirklich.

Was war das Tollste, was dir je passiert ist?
An dem Geburtstag, als ich mein Fahrrad bekommen hatte und der Geburtstag, an dem ich meinen Schulranzen bekommen habe.

Wenn du Chef von Deutschland wärst, was würdest du machen, worum würdest du dich kümmern?
Ich tät erstmal alle Leute, die Verbrechen gemacht haben, auf Lebenszeit einsperren oder es kommt drauf an, wie groß die Strafe ist. Wenn sie dann frei sind, würde ich sie extra in eine ganz große Stadt – ich würde eine ganz große Stadt bauen lassen – und da würde ich die reintun, da würden dann alle Diebe drin wohnen. Da können die dann nicht so viel Unfug anstellen. Ich würde denen mehr Geld geben, die arbeiten. Ich würde dafür sorgen, dass die ganzen Politiker das Rauchgesetz nicht lockern, weil es ungesund ist, das Rauchen.

58
Skater

Erzähl mal, was du so machst, wenn du mit den Hausaufgaben fertig bist. Ich geh in den Hort, da ess ich und mach Hausaufgaben. Danach geh ich raus, spiel mit meiner Freundin und mach Witze. Wenn ich früher abgeholt werde, gehe ich gerne in die Stadt, mach Besuche oder geh ins Krankenhaus, wenn sich jemand verletzt hat. Meine allerbeste Freundin ruft mich an, dann hol ich sie ab und wir gehen raus, spielen Verstecken, Faules Ei und so.

Wieso sind Freunde wichtig im Leben? Das weiß ich nicht. Meine Freundin ist nett und hübsch und wir verstehen uns gut.

Wovor fürchtest du dich? Wenn mich jemand beleidigt, obwohl ich gar nichts getan hab. Oder wenn jemand Ausdrücke zu mir sagt.

Was kannst du richtig gut? Ich kann gut kochen, kann gut springen, turnen, Basketball spielen, Völkerball und Tennis. **Was würdest du gerne besser können oder an dir anders haben wollen?** Basketball und Tennis.

Welchen Beruf kannst du dir für dich vorstellen? Lehrerin. Mir gefällt, dass man Kindern was sagt und erklärt und manchmal streng ist. Wenn meine Freundin kommt, spielen wir gerne Schule.

Gibt es was, was die Deutschen richtig gut können? Sich gut miteinander verstehen.

Gibt es Dinge, die andere Länder besonders gut machen? Frankreich. Mir gefällt der Eiffelturm, wenn man da Zug fährt, und Französisch.

Was gefällt dir am Kindsein? Dass man viele Freunde hat und sich gut versteht. Man bekommt viele Geschenke, wenn man Geburtstag hat. **Stört dich was am Kindsein?** Meine Schwester. Immer wenn ich Hausaufgaben mache, sagt meine Schwester so witzige Sachen und ich muss mich halb totlachen.

Stell dir mal vor, du bist erwachsen. Wie bist du, was machst du? Wenn ich heirate, muss ich mich natürlich mit meinem Mann und Kind besonders gut verstehen, also nicht streiten. Wir können miteinander Fernsehen schauen, ins Kino gehen, schwimmen, Besuch bekommen oder Besuche machen, zum Grillen treffen.

Was ist dein allergrößter Wunsch? Eine Lehrerin an der Schule zu sein oder an der Kasse arbeiten.

Wo siehst du die größten Probleme in der Welt? Dass andere Länder miteinander streiten, meine Cousine und mein Cousin verstehen sich auch nicht. Mein allergrößter Wunsch ist, dass die Leute nie streiten. **Was kann man dagegen tun?** ---

Glaubst du an Gott? Ja. **Wie stellst du ihn dir vor?** Wenn ich auf die anderen gut achte und keine Ausdrücke sage, dann erfüllt mir Gott meine Wünsche. Gott sieht ja jeden. Wenn ich Ausdrücke sage, bestraft er mich und die anderen auch, wenn die klauen, schlagen, Stinkefinger zeigen. Und wenn ich brav und gut bin, erfüllt mir Gott alle Wünsche.

Was war das Tollste, was dir je passiert ist? Dass ich viele Freunde habe und mich gut mit denen verstehe und wir miteinander spielen.

Wenn du Chef von Deutschland wärst, was würdest du machen, worum würdest du dich kümmern? Um Europa, wenn die Armen kein Essen haben, würde ich denen Essen bringen, Kleider und Geld. In Deutschland sollte man sich lieber mal um die Omas und Opas kümmern, ihnen helfen, wenn die krank sind, sie besuchen, wenn die allein sind.

ALEYNA, 10 JAHRE

Erzähl mal, was du so machst, wenn du mit den Hausaufgaben fertig bist.
Dann frag ich meine Mutter, ob ich ein bisschen raus kann zum Radfahren. Oder ich lerne noch Mathe und Deutsch. Manchmal geh ich mit meiner Freundin in die Stadt. Ich muss auch auf meinen kleinen Bruder aufpassen. Im Theater bin ich auch und bald haben wir eine Aufführung.

Wieso sind Freunde wichtig im Leben?
Wenn mal was passiert, hat man immer 'ne Freundin bei sich oder wenn einem langweilig ist. Freundinnen sind wichtig, dass man nicht alleine ist.

Wovor fürchtest du dich?
Vor schlimmen Leuten, die besoffen sind. Wenn ich am Abend noch draußen bin und ich lauf alleine im Dunkeln, dann hab ich Angst, dass jemand in der Garage steht und mich schnappt. Oder wenn ich alleine zu einer Feier, Geburtstag oder so, geh, dann hab ich auch ein bisschen Angst vor den Eltern, wenn ich die nicht kenn.

Was kannst du richtig gut?
Ich kann richtig gut Sport. Ich kann gut plappern. Gut aufpassen auf Kinder, aber manche glauben, ich kann das nicht. Was kann ich noch gut? Ich kann eigentlich fast alles gut. **Was würdest du gerne besser können oder an dir anders haben wollen?** Ich kann gut mit einem scharfen Messer schneiden, zum Beispiel Fleisch oder so, aber meine Mutter lässt mich nicht. Ich mach es dann, wenn ich alleine in der Küche bin. Ich möchte eigentlich vieles alleine können, ohne Hilfe. Zum Beispiel möchte ich auch was von oben aus dem Schrank holen, aber da brauch ich einen Hocker dafür. Ich möchte meine Haare wachsen lassen, das hätte ich gerne anders an mir.

Welchen Beruf kannst du dir für dich vorstellen?
Entweder an der Kasse arbeiten oder Friseuse, das war auch meine Mutter früher. Ich hab zu Hause eine Spielkasse, da spiel ich mit meiner Cousine. Ich mag das, wenn Kunden kommen und man so die Waren schnelle kassiert. Und Friseuse find ich gut, weil ich gern Frisuren mache.

Gibt es was, was die Deutschen richtig gut können?
Nee. **Gibt es Dinge, die andere Länder besonders gut machen?** Die Türken vielleicht, aber ich weiß es nicht. Ich war noch nie da.

Was gefällt dir am Kindsein?
Im Kindergarten darf man immer spielen. Die Schule ist auch schön. **Was stört dich am Kindsein?** Hier an der Schule streiten sie sich und sagen schlimme Wörter.

Stell dir mal vor, du bist erwachsen. Beschreib, wie du bist.
Ich würde gern zuhause sein und meine Wohnung sauber halten. Ich würde zu Besuch gehen, zum Beispiel zu meinen Eltern. Ich würde die Kinder nehmen und rausgehen, spazieren, Eis essen. Das würd ich gerne machen. Und wenn jemand was passiert, dann möchte ich da sein für ihn.

Was ist dein allergrößter Wunsch?
Dass die Menschen auf der ganzen Welt gesund bleiben und niemand was passiert. Dass meinem Bruder nichts passiert. Das ist mein allergrößter Wunsch. Und ich möchte ein großes Luxuszimmer mit Dienern und so, dann muss ich nicht aufstehen, wenn ich Durst hab.

Wo siehst du die größten Probleme in der Welt?
Wenn jemand stirbt, den ich kenn. Zum Beispiel meine allerbeste Freundin oder jemand von meiner Familie.

Glaubst du an Gott?
Ja. **Wie stellst du ihn dir vor?** Der gibt uns ja Essen und so, das find ich gut. Es gibt Kinder, die glauben nicht an ihn. Ich hab 'ne Freundin, die ist richtig zickig und die sagt immer: »Ich glaub nicht an Gott, ich glaub nicht an Gott.« Und dann sag ich: »Da ist Gott auf dich böse.«

Was war das Tollste, was dir je passiert ist?
Wir waren mal in so einem Kinderspielland. Das war ganz toll.

Wenn du Chef von Deutschland wärst, was würdest du machen, worum würdest du dich kümmern?
Um die Leute würd ich mich kümmern, um die Läden. Aufpassen, dass die Leute nichts Schlimmes machen, dass keine Kaugummis auf dem Boden kleben oder Papiere rumliegen.

MARIO, 9 JAHRE

Erzähl mal, was du so machst, wenn du mit den Hausaufgaben fertig bist.
Meistens geh ich in mein Zimmer, spiele mit meinen Legos oder räum auf. Ich spiele oft draußen Fußball und treffe mich mit Freunden.

Wieso sind Freunde wichtig im Leben?
Dass man nicht so allein ist, dass man jemanden hat, der einem hilft und mit einem spielt.

Wovor fürchtest du dich?
Dass es noch einmal Krieg gibt. Und im Dunkeln fürchte ich mich auch, ich weiß gar nicht weshalb, und auch manchmal im Wald, wenn es dunkel ist.

Was kannst du richtig gut?
Lego bauen, in Mathe bin ich auch gut, auf jeden Fall besser als in Deutsch, und Fußball spielen kann ich auch gut. **Was würdest du gerne besser können oder an dir anders haben wollen?** Noch besser Fußball spielen, aber man kann halt nicht alles können. Klettern und Gymnastik liegt mir nicht so.

Welchen Beruf kannst du dir für dich vorstellen?
Ich weiß es noch gar nicht.

Gibt es was, was die Deutschen richtig gut können?
Nein. **Gibt es Dinge, die andere Länder besonders gut machen?** Italien und Frankreich stellen gute Weine her. Amerika kann einfach gut neue Dinge erfinden.

Was gefällt dir am Kindsein?
Dass man als Kind noch ein bisschen mehr Freiheit hat. Aber es gibt so gewisse Grenzen, die man nicht überschreiten darf. **Was stört dich am Kindsein?** Dass meine Eltern meine Vorgesetzten sind, irgendwie finde ich das blöd.

Stell dir mal vor, du bist erwachsen. Beschreib, wie du bist.
Ich würde in der Gegend bleiben, mir eine Freundin suchen, eine Arbeit und mich um meine Eltern kümmern, wenn sie im Rollstuhl sitzen oder sonst was haben.

Was ist dein allergrößter Wunsch?
Dass ich mal einen Bayern-Spieler treffen würde.

Wo siehst du die größten Probleme in der Welt?
Dass es Krieg gibt. **Was kann man dagegen tun?** Man kann eigentlich nichts machen. Das muss jedes Land für sich entscheiden. Deutschland kann jetzt nicht einfach sagen, hört auf.

Glaubst du an Gott?
So halb. Ich kann mir zwar nicht vorstellen, dass Jesus auferstanden ist, aber dass er gekreuzigt wurde, schon.

Was war das Tollste, was dir je passiert ist?
Wo ich zum ersten Mal nach Italien kam. Ich habe mich so gefreut, es ist einfach schön.

Wenn du Chef von Deutschland wärst, was würdest du machen, worum würdest du dich kümmern?
Um die Armen, dass die Reichen den Armen auch was abgeben. Und dass die Jugendlichen härter bestraft werden, wenn sie was gemacht haben.

SOPHIE, 9 JAHRE

Erzähl mal, was du so machst, wenn du mit den Hausaufgaben fertig bist.
Entweder spiele ich draußen oder ich frage meine Mutter, ob sie beim Reithof anruft und was ausmacht für mich. Termin oder so. Ich gehe in den Ferien mit meiner Freundin zum Reiterhof für ein Wochenende. Dann spiele ich noch Geige. Einmal die Woche gehe ich zum Unterricht.

Wieso sind Freunde wichtig im Leben?
Wenn man mal Kummer hat, kann man das denen erzählen und so.

Wovor fürchtest du dich?
Also, ich weiß nicht. Wovor fürchte ich mich? Also vor dem Tod fürchte ich mich am allermeisten. Meine Oma ist gestorben. Aber vorher hatte ich auch schon Angst vor dem Tod, weil ich kann schlecht verlieren irgendwie. Mein Hase ist schon gestorben und mein Hund wurde eingeschläfert. Mein Onkel ist gestorben, als ich drei war. Aber sonst geht es eigentlich.

Was kannst du richtig gut?
Reiten! Mit Pferden sprechen und so. Ich mag das gern! Und was man gerne tut, macht man auch gut. Zum Beispiel malen kann ich auch sehr gut! **Was würdest du gerne besser können oder an dir anders haben wollen?** Ja, in meinem Halbjahreszeugnis hätte ich in Deutsch besser sein können. Da möchte ich mich noch ein bisschen mehr bemühen.

Welchen Beruf kannst du dir für dich vorstellen?
Ärztin oder Tierärztin. Also mein Papa ist Arzt und da habe ich gedacht, statt Ärztin ist Tierärztin auch schön! Da hat man dann auch was mit Pferden zu tun. Das würde ich schon gern ausprobieren.

Gibt es was, was die Deutschen richtig gut können?
Ähm, nee! Also doch: singen, der Spatzenchor halt, den find ich gut. **Gibt es Dinge, die andere Länder besonders gut machen?** In Italien die Kleider. In Südtirol das Essen, das find ich auch gut.

Was gefällt dir am Kindsein?
Dass ich Kind bin und dass ich noch mein ganzes Leben vor mir habe. Ich wünsch mir jetzt, dass ich bald 11 wäre oder so. 13 find ich das beste Alter eigentlich, da wird man auch jugendlich, das find ich einfach toll. Ich wär gern größer. Also mein Bruder ist größer und der darf dann halt mehr. Das stört mich ein bisschen, aber sonst nichts.

Stell dir mal vor, du bist erwachsen. Beschreib, wie du bist.
Ich stelle mir manchmal vor, wie ich dann aussehe. Manchmal begegne ich einem und dann überlege ich, ob ich mal dick sein werde. Ich hoffe das nicht für mich! Es kommt zwar nicht auf das Äußerliche an, aber trotzdem hoffe ich das nicht für mich. Dann denke ich auch darüber nach, ob ich mir die Haare färben lasse.

Was ist dein allergrößter Wunsch?
Mein allergrößter Wunsch ist, dass wir einen eigenen Hund bekommen oder ich ein eigenes Pferd. Die A. hat auch ein Pferd und man könnte es auf dem Hof unterstellen. An Pferden gefällt mir, dass man mit denen auch ausreiten kann und dass man seine Gefühle mehr auslassen kann als an Meerschweinchen oder so. Zu Wolkenfeld gehe ich eigentlich jedes Mal hin, wenn ich in der Nähe bin. Dann gehe ich auch manchmal in die Box. Das ist mir dann völlig egal, ob ich das darf oder nicht. Dann wünsche ich mir, dass meine Lieblingshündin Molly mal 'ne Woche zu mir kommt. Aber das macht die auf jeden Fall, weil ich mir das für sie zu Weihnachten gewünscht habe.

Wo siehst du die größten Probleme in der Welt und warum?
Also der Tod liegt mir im Weg, wie vorhin gesagt! Und dann möchte ich niemals in meinem Leben eine Sechs schreiben. Meine Mama sagt zwar, sie liebt mich mit jeder Note, aber ich will ein bisschen besser werden.

Glaubst du an Gott?
Ja. **Wie stellst du ihn dir vor?** Wie Nebel halt, der aber anders ist als Nebel: der strahlt und glitzert.

Was war das Tollste, was dir je passiert ist?
Als ich mein Pferd das erste Mal gesehen hab und gestriegelt hab. Und als ich umgezogen bin. Und als ich die Hasen bekommen hab.

Wenn du Chef von Deutschland wärst, was würdest du machen, worum würdest du dich kümmern?

Um den Frieden! Da gibt's so 'n Lied: »Wenn einer den Frieden beginnt«, das finde ich sehr schön. Um den Frieden würde ich mich am meisten kümmern. Und ich träume davon, dass eine Sekunde lang alle Menschen auf der Erde glücklich sind und keinen Hunger oder Durst haben. Dass es ihnen einfach nur gut geht, darum würde ich mich kümmern. Die da in den Ländern was zu sagen haben, kümmern sich nicht wirklich darum. Manche von Deutschland gehen da hin und bringen denen Wasser und so. Aber das reicht nicht für alle Menschen. Einfach, dass es ein paar Sekunden oder Minuten allen Menschen gut geht – darum würde ich mich kümmern.

QUENTIN, 9 JAHRE

Erzähl mal, was du so machst, wenn du mit den Hausaufgaben fertig bist. Ich spiel Playstation oder ich geh raus und tob mich aus. Ich bin leidenschaftlicher Schwimmer und bin im DLRG, immer mittwochs.

Wieso sind Freunde wichtig im Leben? Irgendwann wird's einem langweilig und dann macht man was Dummes.

Wovor fürchtest du dich? Vor gar nichts.

Was kannst du richtig gut? Schwimmen. Ich kann auch gut vom Fünfmeterbrett springen und 'ne Rückwärtsbombe machen. **Was würdest du gerne besser können oder an dir anders haben wollen?** Einen Salto vom Fünfer, das ist einfach krass. Einmal bin ich voll auf den Kopf geknallt.

Welchen Beruf kannst du dir für dich vorstellen? Ich will Schwimmer werden, das find ich einfach cool.

Gibt es was, was die Deutschen richtig gut können? Fußball spielen. **Gibt es Dinge, die andere Länder besser machen als die Deutschen?** Die Italiener können gut 'ne Schwalbe machen und betrügen können sie am besten, die Italiener.

Was gefällt dir am Kindsein? Als Kind kann man sich austoben, als Erwachsener muss man immer arbeiten, unterschreiben und so, das find ich voll doof. **Stört dich was am Kindsein?** Hausaufgaben.

Stell dir mal vor, du bist erwachsen. Wie bist du, was machst du? Ich bin Profischwimmer, hab viele Fans, 'ne Frau und ein Kind. Das heißt Hans.

Was ist dein allergrößter Wunsch? Bei einem Turnier mal mitzuschwimmen.

Wo siehst du die größten Probleme in der Welt? Dass immer so viele Kinder geschlagen werden und Jugendliche das Haus beschmieren.

Glaubst du an Gott? Ja. **Wie stellst du ihn dir vor?** Hier so ein weißes Gewand, braunes Haar und fliegt auf einer Wolke.

Was war das Tollste, was dir je passiert ist? Dass ich zum DLRG gekommen bin und zum ersten Mal im Wasser war.

Wenn du Chef von Deutschland wärst, was würdest du machen, worum würdest du dich kümmern? Ich würde das Rauchen verbieten. Davon kriegt mein kleiner Cousin Ausschlag. Der musste schon ins Krankenhaus. Und Drogen würd ich auch verbieten lassen, das ist gar nicht schön.

DRAGON

SADIK, 8 JAHRE

Erzähl mal, was du so machst, wenn du mit den Hausaufgaben fertig bist. Ich geh raus und spiele: Fange, Fußball, Basketball, Fahrrad fahren, manchmal geh ich auch Schwimmen. Jeden Donnerstag geh ich zum Fußball.

Wieso sind Freunde wichtig im Leben? Man braucht Freunde, weil alleine macht's ja kein Spaß. Was machst du dann?

Wovor fürchtest du dich? Dinosaurier und Pythons.

Was kannst du richtig gut? Fahrrad fahren und Schwimmen. **Was würdest du gerne besser können oder an dir anders haben wollen?** Ich würde gern Amerika besser kennenlernen, weil das ist ja so großes Land und ich wollte immer mal dorthin, weil dort gibt's ja so viele unterschiedliche Sachen.

Welchen Beruf kannst du dir für dich vorstellen? Architekt, weil ich kann gut zeichnen und ich liebe es, Häuser zu zeichnen. Mich interessieren Hochhäuser und Gartenhäuschen.

Gibt es was, was die Deutschen richtig gut können? Ja, Fußball spielen. **Gibt es Dinge, die andere Länder besonders gut machen?** Nö.

Was gefällt dir am Kindsein? Dass man noch jung ist, dass man noch viel leben kann und man hat noch viel Zeit, um alles zu lernen. Und es ist auch schön, da geht man in die Schule, trifft Freunde, aber wenn man in die Arbeit geht, muss man dauernd nur arbeiten, arbeiten, arbeiten, nichts anderes. **Stört dich was am Kindsein?** Nö.

Stell dir mal vor, du bist erwachsen. Wie bist du, was machst du? Weiß nicht.

Was ist dein allergrößter Wunsch? Dass ich mal nach Amerika geh, Hollywood, weil dort sind ja viele Stars, und ich will die mal alle kennenlernen.

Wo siehst du die größten Probleme in der Welt? Dass manche solche dummen Erfindungen machen, so wie Furzkissen oder was Schlimmes, Pistolen oder so was. Mit der Pistole kann man ja jemanden umbringen und es ist ja gefährlich, mit 'ner Pistole zu spielen. **Was kann man dagegen tun?** Man kann machen, dass es keine Pistolen mehr gibt und keinen Krieg mehr. Das ist ja besser!

Glaubst du an Gott? Ja. **Wie stellst du ihn dir vor?** Ich weiß es noch nicht, den sieht man jetzt noch nicht, aber der sieht uns schon.

Was war das Tollste, was dir je passiert ist? Dass ich einmal zu einem Konzert gegangen bin und dort hab ich Michael Jackson gesehen in meinem Hotel, in der Türkei.

Wenn du Chef von Deutschland wärst, was würdest du machen, worum würdest du dich kümmern? Ich würde mich um die Finanzen kümmern und um alles. Dass nichts passiert, nichts Schlimmes.

ELIAS, 8 JAHRE

Erzähl mal, was du so machst, wenn du mit den Hausaufgaben fertig bist.
Ich geh raus auf die Wendeplatte, da kann man ganz toll spielen. Wir haben auch einen Garten. Oder ich fahr Fahrrad. Manchmal geh ich auch zum Bach, das hab ich gestern auch gemacht. Da hab ich eine Brücke gebaut. Oder ich geh in den Wald zum Bärlauch sammeln, es gibt Unmengen, der ganze Wald ist grün.

Wieso sind Freunde wichtig im Leben?
Man kann mit ihnen viel machen: spielen, Sachen besprechen. Kann auch mal einen Ausflug machen oder übernachten.

Wovor fürchtest du dich?
Dass irgendwie ein fremder Mann kommt und versucht mich mitzunehmen. Aber da hab ich einen Kurs gemacht.

Was kannst du richtig gut?
Fahrrad fahren kann ich gut, und ich kenn mich halt ziemlich gut mit Tieren aus. **Was würdest du gerne besser können oder an dir anders haben wollen?** Mathe bin ich nicht so gut. Besonders nicht so schnell.

Welchen Beruf kannst du dir für dich vorstellen?
Tierschützer, Tierbeobachter und Umweltschützer.

Gibt es was, was die Deutschen richtig gut können?
Fällt mir nichts Bestimmtes ein. **Gibt es Dinge, die andere Länder besonders gut machen?** Italien: die haben Eis erfunden, Spaghetti und Pizza.

Was gefällt dir am Kindsein?
Man kann halt noch spielen und muss nicht in die Arbeit. Ich muss halt in die Schule … aber danach, wenn ich die Hausaufgaben gemacht hab, kann ich spielen und mich mit Freunden verabreden. Es macht auch Spaß, mal allein für sich zu sein, auch mal allein zu spielen. Dass man sich frei entscheiden kann, heute will ich alleine spielen oder mich mit dem und dem verabreden, dass man nicht so verplant ist. **Was stört dich am Kindsein?** Weiß jetzt nicht, eigentlich nichts.

Stell dir mal vor, du bist erwachsen. Beschreib, wie du bist.
Ich will Tierschützer oder Tierforscher werden. Ich will auch heiraten und … würd auch gern Kinder haben.

Was ist dein allergrößter Wunsch?
Dass ich Tierschützer oder Tierforscher werde und es besser wird mit den vielen Abgasen.

Wo siehst du die größten Probleme in der Welt?
Dass es Krieg gibt, zum Beispiel in Afrika, und dass es so viel Umweltverschmutzung gibt, so viele Autos und LKWs. Das find ich nicht schön. Wir wohnen in der Natur, aber wir zerstören die selber! Das ist doof! Gott hat uns eigentlich ein Paradies geschenkt und wir zerstören es. Das find ich nicht gut. Man sollte einfach mal Fahrrad fahren oder mit der Straßenbahn. Dann gibt es nicht so viel Abgase.

Glaubst du an Gott?
Ja. **Wie stellst du ihn dir vor?** Schwer zu sagen. Ich stell mir halt vor, dass er nicht ist wie ein Mensch, irgendwie anders. Jesus hat ja gelebt wie ein Mensch, aber er war auch kein normaler Mensch. Und Gott ist ja immer da, hier, aber auch in Australien. Also irgendwie ist er anders als ein Mensch. Wir können jetzt nicht hier und gleichzeitig zuhause sein. Er ist anders als wir, ganz groß.

Was war das Tollste, was dir je passiert ist?
Dass ich Klassensprecher geworden bin und dass ich in diese Schule gekommen bin.

Wenn du Chef von Deutschland wärst, was würdest du machen, worum würdest du dich kümmern?
Dass die Schulen gut sind. Es gibt ja auch Schulen, die sind nicht so gut. Und dass es den Kindern im Land gut geht. Und dass auch die Leute gerecht bezahlt werden bei der Arbeit. Ja.

BOARDERS CHAMPIONSHIP
ESPRIT

ANNETTE, 8 JAHRE

Erzähl mal, was du so machst, wenn du mit den Hausaufgaben fertig bist.
Dann muss ich Klavier spielen und danach kann ich mich dann ausruhen. Ich spiele mit meiner Schwester ganz gerne. Mit Freundinnen treffe ich mich nur manchmal. Ich mache jeden Tag rhythmische Sportgymnastik.

Wieso sind Freunde wichtig im Leben?
Damit wir nicht so allein sind.

Wovor fürchtest du dich?
Vor Spinnen! Weil die so eklig sind!

Was kannst du richtig gut?
Klavier. Ich üb ganz viel. **Was würdest du gerne besser können oder an dir anders haben wollen?** Nichts.

Welchen Beruf kannst du dir für dich vorstellen?
Ärztin! Ich liebe menschliche Körper, es macht mir Spaß, die zu behandeln. Ich hab vieles davon, so Spiele und so. Da ist ein Halbmensch drin, den kann man aufmachen und dann alles sehen, das Herz und die Organe und so.

Gibt es was, was die Deutschen richtig gut können?
Nein. **Gibt es Dinge, die andere Länder besser machen als die Deutschen?** Italien. Ich bin mal nach Italien gefahren und da haben die ganz leckeres Essen gekocht, das hat ganz lecker geschmeckt.

Was gefällt dir am Kindsein?
Weiß nicht so recht. **Was stört dich am Kindsein?** ---

Stell dir mal vor, du bist erwachsen. Beschreib, wie du bist.
Da kriege ich Kinder. Die muss ich in den Kindergarten bringen und Essen kochen. Ich gehe auch arbeiten.

Was ist dein allergrößter Wunsch?
Einen Hund zu haben! Aber ich hab keine Zeit für Haustiere eigentlich. Ich muss nach der Schule immer drei Stunden Gymnastik machen. Danach muss ich essen und dann gleich schlafen. Außer Mittwoch und Sonntag.

Wo siehst du die größten Probleme in der Welt?
Wenn zum Beispiel einer überfahren wird und ins Krankenhaus muss.

Glaubst du an Gott?
Ja. **Wie stellst du ihn dir vor?** Weiß nicht so ganz.

Was war das Tollste, was dir je passiert ist?
In ein Planetarium und ins Museum zu gehen.

Wenn du Chef von Deutschland wärst, was würdest du machen, worum würdest du dich kümmern?
Weiß nicht.

LEAH, 9 JAHRE

Erzähl mal, was du so machst, wenn du mit den Hausaufgaben fertig bist.
Manchmal ruf ich meine Cousine an und dann spielen wir. Wenn sie keine Zeit hat, mache ich mit meiner Oma etwas, also die hilft mir bei den Hausaufgaben. Oder wir malen etwas oder machen irgend etwas mit dem Zirkel oder üben nochmal Aufgaben. Mit meiner Cousine haben wir letztes Mal Ballett gespielt. Da machen wir dann Musik an und haben dann so gespielt, als wären wir Balletttänzerinnen. Dann haben wir so eine Gruppe gehabt und haben etwas vorgetanzt.

Wieso sind Freunde wichtig im Leben?
Wenn man Probleme hat oder etwas nicht gut ist, kann er darüber reden. Und man kann mit ihnen spielen. Weil es Spaß macht, Freunde zu haben!

Wovor fürchtest du dich?
Weiß nicht! Gibt's nichts.

Was kannst du richtig gut?
Lachen und Flöte spielen! **Was würdest du gerne besser können oder an dir anders haben wollen?** Diktat schreiben! Und dass ich ein klein bisschen größer wäre.

Welchen Beruf kannst du dir für dich vorstellen?
Floristin. Meine Mama ist Floristin und ich kann schon Blumensträuße binden.

Gibt es was, was die Deutschen richtig gut können?
Nö. **Gibt es Dinge, die andere Länder besonders gut machen?** Weiß ich nicht.

Was gefällt dir am Kindsein?
Dass die Mama kommt und einen weckt. Dass man in der Schule zusammen was machen kann. Und dass man überall hinkommt als Kind; also als Erwachsener kommt man ja nicht überall hin. Zum Beispiel im Legoland ist es als Erwachsener ganz schön schwierig, irgendwo hinzukommen, weil alles kleiner ist. Als Kind ist das ganz arg schön. **Stört dich was am Kindsein?** Manchmal wär ich gerne erwachsen, dann könnte ich bestimmen, was ich gerade machen will. Meistens fragt meine Mama mich und sie schlägt was vor. Und wenn ich das gar nicht machen will, machen wir schon was anderes. Die sagt dann nicht, was ich machen soll. Das wäre ja blöd!

Stell dir mal vor, du bist erwachsen. Wie bist du, was machst du?
Ich gehe arbeiten! Wenn ich dann Floristin bin, komme ich etwas später nach Hause. Und wenn ich ein Kind hätte, wäre das bei meiner Oma.

Was ist dein allergrößter Wunsch?
Manchmal fliegen zu können! Oder anders, dass man im Boden versinken kann, dass man einfach weg ist. Dass man auf einen Knopf drückt und und dann ist man weg! Und wenn man fliegen könnte, könnte man überall hin. Einfach Knopfdruck und ich bin da.

Wo siehst du die größten Probleme in der Welt?
Dass die rauchen! Dass die Umwelt verschmutzt. Und dass überall Müll ist. Oder das Gas. Nicht immer Auto fahren, sondern auch mal mit dem Fahrrad fahren oder zu Fuß gehen. Nicht jeden Kilometer mit dem Auto fahren. Wenn man zum Skilaufen fährt, kann man schon weit wegfahren, aber man soll ja gucken, dass man nicht den Müll aus dem Fenster wirft. Dann liegt kein Müll auf der Straße und so.

Glaubst du an Gott?
Ja. **Wie stellst du ihn dir vor?** Manchmal stelle ich ihn mir vor wie ein Mann, der hält seine Hand über uns. Wenn einem etwas nicht so gut gefällt, stelle ich mir vor, dass man mit ihm reden kann.

Was war das Tollste, was dir je passiert ist?
Ich habe mal mit meiner Oma eine kleine Geschichte geschrieben, die mussten wir dann auswendig lernen. Das weiß ich noch, das war in der zweiten Klasse. Da hab ich gemerkt: »Jetzt kann ich's!« Und meine Lehrerin hat das auch so gesehen. Da hab ich 'ne Eins bekommen. Dieses Gefühl »Jetzt kann ich's!« ist toll.

Wenn du Chef von Deutschland wärst, was würdest du machen, worum würdest du dich kümmern?
Dass die Leute nicht so viel Müll wegwerfen. Dass die Umwelt nicht so verschmutzt wird. Und eben, dass die Menschen nicht mehr so viel rauchen dürfen.

SANJA, 10 JAHRE

Erzähl mal, was du so machst, wenn du von der Schule nach Hause kommst.
Ich geh nach Hause und danach ess ich was und dann streit ich mich mit meinem Bruder und dann schlaf ich wieder ein. Ich spiel gern Verstecken, draußen mit meinen Freundinnen, oder wir reden einfach.

Wieso sind Freunde wichtig im Leben?
Weil, ohne Freunde bin ich alleine und dann hab ich niemanden, mit dem ich reden kann oder spielen kann, deswegen.

Wovor fürchtest du dich?
Vor Schlangen.

Was kannst du richtig gut?
Handball spielen, alles was mit Sport ist, und beim Singen bin ich gut. **Was würdest du gerne besser können oder an dir anders haben wollen?** Ja, in Deutsch, meine Mutter will, dass ich da 'ne Zwei habe.

Welchen Beruf kannst du dir für dich vorstellen?
Ärztin, da helf ich Menschen, also Kinder, die krank sind; oder Sängerin, da zeig ich vor vielen Menschen meine Stimme und da mach ich mich locker; oder Trainerin.

Gibt es was, was die Deutschen richtig gut können?
Ja, wir können sehr gut singen, tanzen und nett sein. **Gibt es Dinge, die andere Länder besser machen als die Deutschen?** Nein.

Was gefällt dir am Kindsein?
Da muss ich nicht mein Zimmer aufräumen und da muss ich nicht so viel saubermachen und da muss ich nicht heiraten. Weil wenn ich verheiratet bin, dann passieren so schlimme Sachen, zum Beispiel wenn der Mann mich einfach verlässt. **Stört dich was am Kindsein?** Nein.

Stell dir mal vor, du bist erwachsen. Wie bist du, was machst du?
Ich passe auf meine Kinder auf und ich geh arbeiten.

Was ist dein allergrößter Wunsch?
Mein allergrößter Wunsch ist, dass mein Bruder aufhört immer mich zu ärgern und mich zu schlagen und dass wir auch mal in ganz Europa gehen, in den Sommerferien.

Wo siehst du die größten Probleme in der Welt und warum?
Dass hier Räuber sind und Mörder. **Was kann man dagegen machen?** Nicht nur, dass die alle im Gefängnis sind, sondern dass man auch sagt, wenn du das noch einmal machst, werd ich mir eine Strafe überlegen.

Glaubst du an Gott?
Ja. **Wie stellst du ihn dir vor?** Groß, unheimlich und großzügig und nett.

Was war das Tollste, was dir je passiert ist?
Als ich auf der Hochzeit von meinem Cousin singen durfte, als ich vier war.

Wenn du Chef von Deutschland wärst, was würdest du machen, worum würdest du dich kümmern?
Um die Kinder, also um die ganze Welt eigentlich. Ich hätte die Menschen und die anderen mehr bezahlt, dass sie schneller irgendwo hingehen können und auf die anderen kleinen Kinder aufpassen, und dass die armen Menschen auch sehr viel Geld bekommen.

SELIN, 8 JAHRE

Erzähl mal, was du so machst, wenn du von der Schule nach Hause kommst.
Fernseh gucken, am Computer spielen, essen, spielen.

Wieso sind Freunde wichtig im Leben?
Die können uns beschützen, und das Leben macht auch keinen Spaß, es ist immer langweilig, wenn man keine Freunde hat. Dann ist man immer einsam und alleine, und mit Freunden kannst du immer fröhlich sein, immer Witze machen, immer reden.

Wovor fürchtest du dich?
Vor Schlangen.

Was kannst du richtig gut?
Ich kann gut backen, Kuchen. Mein Lieblingsrezept ist Apfelkuchen. **Was würdest du gerne besser können oder an dir anders haben wollen?** Nichts.

Welchen Beruf kannst du dir für dich vorstellen?
Polizist. Da kann ich immer die Diebe einfangen oder die Welt retten.

Gibt es was, was die Deutschen richtig gut können?
Weiß ich nicht. **Gibt es Dinge, die andere Länder besser machen als die Deutschen?** ---

Was gefällt dir am Kindsein?
Da ist man klein, da muss man nicht immer alleine sein, da hat man immer Eltern, und da kannst du auch mehr Lustiges machen, als wenn man erwachsen ist. **Was stört dich am Kindsein?** Nichts.

Stell dir mal vor, du bist erwachsen. Wie bist du, was machst du?
Mein Tag sieht gut aus.

Was ist dein allergrößter Wunsch?
Dass ich das Gymnasium schaffe, dass ich meine Schule bis zum Ende schaffe und dass ich gesund und munter bleibe.

Wo siehst du die größten Probleme in der Welt und warum?
Wenn ein Haus brennt oder wenn ein Meteorit auf die Erde fällt.

Glaubst du an Gott? Ja. **Wie stellst du ihn dir vor?** Ich weiß es nicht.

Was war das Tollste, was dir je passiert ist?
Dass ich mit meinen Geschwistern und mit meiner Tante und meinem Cousin alleine vier Wochen zuhause bleiben konnte. Meine Eltern waren pilgern, nach Mekka. Wir sind schwimmen gegangen, zu McDonald's, Einkaufen gegangen und haben viele tolle Dinge gemacht.

Wenn du Chef von Deutschland wärst, was würdest du machen, worum würdest du dich kümmern?
Ich hätte einfach Freiheiten.

DENNIS, 9 JAHRE

Erzähl mal, was du so machst, wenn du mit den Hausaufgaben fertig bist. Dann spiel ich Handball und Fußball. Und dann spiel ich noch mit meinen zwei Cousinen und meinen Schwestern. Ich bin noch im Völkerballverein.

Wieso sind Freunde wichtig im Leben? Weil ich mit denen spielen kann und weil die mir immer helfen, und wenn mich jemand ärgert, dann helfen die mir.

Wovor fürchtest du dich? Vor ... hmm, Vogelspinnen. Ja.

Was kannst du richtig gut? Handball und Fußball. **Was würdest du gerne besser können oder an dir anders haben wollen?** Nichts.

Welchen Beruf kannst du dir für dich vorstellen? Handballer. Ich bin ganz gut in Handball.

Gibt es was, was die Deutschen richtig gut können? Die sind ganz schnell. Wenn ein Brand ist, ist die Feuerwehr ganz schnell da. Das find ich gut. **Gibt es Dinge, die andere Länder besonders gut machen?** Ja, Brasilien, die spielen sehr gut Fußball.

Was gefällt dir am Kindsein? Dann kann ich mit Freunden spielen, dann muss ich noch nicht arbeiten, dann hab ich noch Kinderzeit, dann hab ich noch genug Zeit, um mich aufs Erwachsensein vorzubereiten. **Was stört dich am Kindsein?** Nichts. Bloß, dass die Erwachsenen immer bestimmen wollen.

Stell dir mal vor, du bist erwachsen. Beschreib, wie du bist. Ich würd alles meinen Kindern kaufen, wenn ich genug Geld hab.

Was ist dein allergrößter Wunsch? Dass ich Handballer werde und dass ich, wenn ich kein Handballer werde, Fußballer werde.

Wo siehst du die größten Probleme in der Welt? Erwachsen zu sein. Dann bin ich nicht mehr jung. Man sollte was bauen, dass die Kinder immer Kinder sein sollen.

Glaubst du an Gott? Nein. Doch. Aber ich glaub auch an Petrus. **Wie stellst du ihn dir vor?** Petrus? Der trinkt mit denen da oben ein Bier. Gott? Der, der ... keine Ahnung. Der hat bestimmt nichts Böses getan.

Was war das Tollste, was dir je passiert ist? Dass ich mal beim Fußballverein mitspielen konnte. Das war gut. Und dass ich mal im Handball mitspielen konnte, das war auch gut.

Wenn du Chef von Deutschland wärst, was würdest du machen, worum würdest du dich kümmern? Ich würd sagen, dass das Land jetzt Kinderland heißt und dass die Kinder bestimmen dürften; dass die Erwachsenen kein Auto fahren dürften und die Kinder Auto fahren – die Erwachsenen dürfen ruhig helfen. Und dass die Erwachsenen in die Schule gehen müssen und die Kinder sind die Lehrer.

ISABELLE, 9 JAHRE

Erzähl mal, was du so machst, wenn du mit den Hausaufgaben fertig bist. Ich geh raus und spiel mit meinen Freunden Fangi oder wir pflanzen die Pflanzen, die keine Töpfe haben, ein. Einmal hatte eine Pflanze nur noch Wurzeln! Dann haben wir sie in einen größeren Topf gepflanzt, da konnte sie sich wieder ausbreiten.

Wieso sind Freunde wichtig im Leben? Dass man ein schönes Leben hat. Sonst wär man allein und würde sich einsam fühlen.

Wovor fürchtest du dich? Manchmal ist mir unwohl, wenn ich lüge.

Was kannst du richtig gut? Sport. **Was würdest du gerne besser können oder an dir anders haben wollen?** Eigentlich gar nichts.

Welchen Beruf kannst du dir für dich vorstellen? Eigentlich wollte ich Ärztin werden, um anderen Menschen zu helfen.

Gibt es was, was die Deutschen richtig gut können? Das weiß ich nicht. **Gibt es Dinge, die andere Länder besonders gut machen?** In Rumänien lernen sie in der ersten Klasse schon Teilen und in der zweiten was mit Komma.

Was gefällt dir am Kindsein? Ich kann mehr draußen spielen und Zeit mit meinen Freunden verbringen. **Was stört dich am Kindsein?** Das Streiten.

Stell dir mal vor, du bist erwachsen. Beschreib, wie du bist. Ich will nett sein und ein gutes Leben haben. Ich geh mit meinen Kindern draußen spazieren und manchmal halten wir bei einem Spielplatz an. Wir könnten auch picknicken gehen.

Was ist dein allergrößter Wunsch? Eigentlich nichts. Ich hab ja schon alles, was ich brauch: 'ne Familie, ein gutes Leben. Eigentlich brauch ich nichts mehr zu wünschen.

Wo siehst du die größten Probleme in der Welt? Dass immer mal Autos anhalten und die Kinder einfach mitnehmen. Das find ich schrecklich, wenn Kinder entführt werden, auch für die Eltern. Die sind dann ganz traurig.

Glaubst du an Gott? Schon, wenn man lernt in der Religion. Es macht Spaß zu lernen über Jesus und Gott. **Wie stellst du ihn dir vor?** Ich weiß es nicht, schwer zu sagen.

Was war das Tollste, was dir je passiert ist? Dass ich mich endlich getraut hab, vom Fünfer zu springen. Erst hatte ich noch ein bisschen Angst, aber dann, als mein Freund gesprungen ist, habe ich gedacht: »Ich schaff das auch!« Am besten man guckt nicht runter und man sollte immer gerade springen, sonst tut man sich weh.

Wenn du Chef von Deutschland wärst, was würdest du machen, worum würdest du dich kümmern? Wenn Feuer brennt, würde ich die Feuerwehr sofort losschicken. Die dürfen ja auch manchmal über Rot fahren. Sonst fällt mir nichts ein.

PRISCA, 8 JAHRE

Erzähl mal, was du so machst, wenn du mit den Hausaufgaben fertig bist.
Dann spiel ich. Ich spiel mit meiner kleinen Schwester oder auch alleine. Wir legen Sättel auf die Balken und spielen, dass das unsere Pferde sind. Und wir spielen mit unseren Spielzeugpferden.

Wieso sind Freunde wichtig im Leben?
Weil man denen vertrauen kann.

Wovor fürchtest du dich?
Vor Gewittern und vor großen Bullen, wie der Martinus bei uns daheim. Der ist zwar nicht so groß, aber der hat ganz schöne Hörner. Wenn man den rauslässt, dann geh ich immer gleich aufs Dach.

Was kannst du richtig gut?
Ich kann besser reiten als Eva und schneller lesen. **Was würdest du gerne besser können oder an dir anders haben wollen?** Höher klettern können und nicht so schnell wieder runterkommen.

Welchen Beruf kannst du dir für dich vorstellen?
Pferdewirtin oder Reitlehrerin, weil ich gern Pferde mag.

Gibt es was, was die Deutschen richtig gut können?
Nein. **Gibt es Dinge, die andere Länder besonders gut machen?** In den USA, reiten.

Was gefällt dir am Kindsein?
Weil man da noch so schön spielen und Mama und Papa ärgern kann.

Was stört dich am Kindsein? Dass ich in die Schule muss.

Stell dir mal vor, du bist erwachsen. Wie bist du, was machst du?
Da wohn ich genau da, wo ich jetzt auch wohn, und bin Pferdewirtin oder Reitlehrerin und hab sieben oder zehn Pferde. Manchmal bin ich witzig, manchmal bin ich streithammelig und ich mach ganz gern Handstand. Mama macht auch noch Handstand.

Was ist dein allergrößter Wunsch?
Dass ich ganz gut reiten kann und ganz gut galoppieren kann.

Wo siehst du die größten Probleme in der Welt?
Schule. Und in Afrika ist Hungersnot, das hätt ich nicht gerne.

Glaubst du an Gott?
Ja. **Wie stellst du ihn dir vor?** Ich stell ihn mir ganz riesig vor.

Was war das Tollste, was dir je passiert ist?
Da, wo Irina galoppiert ist und ich nicht runtergefallen bin.

Wenn du Chef von Deutschland wärst, was würdest du machen, worum würdest du dich kümmern?
Da würd' ich keine Schule mehr machen und die Kinder würden immer spielen.

VINTAGE

SEYYID, 8 JAHRE

Erzähl mal, was du so machst, wenn du von der Schule nach Hause kommst.
Ich schau bisschen Fernsehen, geh manchmal an den Computer und geh ins Internet und spiel Spiele.

Wieso sind Freunde wichtig im Leben?
Da hat man Spaß, da ist man nicht einsam. Und man kann ja nicht alleine Fußball spielen.

Wovor fürchtest du dich?
Weiß ich nicht. Wenn ich Gruselfilme anschaue. Einmal hab ich »Scream« angeschaut, dann hab ich Angst gehabt.

Was kannst du richtig gut?
Fußball spielen. Ich würd gerne zum Boxen gehen, aber mein Vater erlaubt's mir nicht. **Was würdest du gerne besser können oder an dir anders haben wollen?** Nichts.

Welchen Beruf kannst du dir für dich vorstellen?
Doktor oder ... weiß ich nicht. Als Doktor muss man operieren und wird klug und verdient viel Geld.

Gibt es was, was die Deutschen richtig gut können?
Alles. **Gibt es Dinge, die andere besonders gut können?** In der Türkei, wenn ich da hingehe und ich mich verletze, dann macht meine Familie ein Pflaster drauf.

Was gefällt dir am Kindsein?
Dass ich schnell rennen und gut Fußball spielen kann. **Stört dich was am Kindsein?** Wenn ich irgendwo runterfliege, das tut dann richtig weh. Als Erwachsener tut es nicht so weh, da kann man nicht weinen.

Stell dir mal vor, du bist erwachsen. Beschreib, wie du bist.
Da würd ich meinem Kind alles kaufen, was es will.

Was ist dein allergrößter Wunsch?
Dass alle Leute viel Geld haben.

Wo siehst du die größten Probleme in der Welt und warum?
Dass die armen Leute kein Geld haben und draußen leben. **Was kann man dagegen machen?** Ihnen Geld schenken.

Glaubst du an Gott?
Ja. **Wie stellst du ihn dir vor?** Ganz nett. Aber ich kann nicht mit ihm reden, weil der ist da oben und ich bin hier.

Was war das Tollste, was dir je passiert ist?
Als ich ein Pfostentor gemacht hab. Ich war vorne und hab jeden ausgetrickst, hab zu meinem Freund gepasst, dann hat er zu mir geflankt und dann hab ich seitlich auf den Pfosten geschossen.

Wenn du Chef von Deutschland wärst, was würdest du machen, worum würdest du dich kümmern?
Ich würde mich um die armen Leute kümmern und denen viel Geld geben, weil die sind arm und die haben wenig zu essen und zu trinken.

SILKE, 8 JAHRE

Erzähl mal, was du so machst, wenn du mit den Hausaufgaben fertig bist.
Dann spiele ich mit der Leonie, die auch schon mit den Hausaufgaben fertig ist. Wir haben nämlich ein Monopoly gekriegt von der Mama. Wir waren die ganzen Ferien krank. Das haben wir jetzt schon drei Tage, und alle drei Tage haben wir gespielt. Montags darf ich, donnerstag und freitags. Ich bin noch im Flöten und im Chor. Ach, bei den Pfadfindern auch.

Wieso sind Freunde wichtig im Leben?
Man kann mit ihnen spielen, man kann sie treffen, man kann sich auf sie verlassen und man kann ihnen etwas zutrauen.

Wovor fürchtest du dich?
Vor der Gewalt! Gewalt ist nicht gut. Mit Gewalt regelt man nichts. Man kann nichts besser machen mit Gewalt. Das kehrt es grad um, wenn man etwas erreichen will.

Was kannst du richtig gut?
Flöte spielen! Im bin erst drei oder vier Monate im Unterricht. Aber das ist schon richtig gut, wie sich das anhört. Ich mal auch gerne und ich kann auch ganz gut malen. Neulich habe ich ein Hochhaus gemalt mit vier Stockwerken. Jedes Stockwerk war mit Balkon, und jeder war anders geschmückt: einer hat ein Satellitending gehabt, ein anderer ein Sonnenschirm, der dritte hat einfach nur einen Stuhl gehabt und der vierte hatte das Geländer geschmückt. **Was würdest du gerne besser können oder an dir anders haben wollen?**
Nichts.

Welchen Beruf kannst du dir für dich vorstellen?
Das ist eine schwierige Frage! Ich weiß noch nicht.

Gibt es was, was die Deutschen richtig gut können?
Das weiß ich gerade nicht! **Gibt es Dinge, die andere Länder besonders gut machen?** Nö.

Was gefällt dir am Kindsein?
So, jetzt muss ich mal nachdenken. Diese Frage ist für Kinder besonders schwierig. Also, das Katzenklo machen Mama oder Papa sauber. Und die Katze stinkt ganz schön. Die Küche so richtig schön sauber machen müssen wir auch nicht, nur die Spülmaschine einräumen. Aber das mache ich auch gerne im Haushalt. **Stört dich was am Kindsein?** Dass Väter und Mütter immer Recht haben.

Stell dir mal vor, du bist erwachsen. Wie bist du, was machst du?
Ich weiß jetzt doch, wo ich gerne wohnen würde: in England! Da kann man eine andere Sprache lernen, denn Englisch ist ja auch die Weltsprache! Die einzige Sprache, die man auf der ganzen Welt spricht! Zum Beispiel in Amerika tut man auch Englisch sprechen.

Was ist dein allergrößter Wunsch?
Da fragst du mich jetzt echt was! Ich hab 'ne Freundin, die hat ein Pflegepferd und wünscht sich ein eigenes. Aber ich? Da muss ich mal richtig nachdenken, das ist nämlich ganz schön schwer. Weil eigentlich haben sich meine Wünsche schon erfüllt. Jetzt weiß ich was, was mein allergrößter Wunsch wär: Dass die Gewalt wegkäme und alle Menschen genug zu essen und zu trinken kriegen.

Wo siehst du die größten Probleme in der Welt und warum?
Das habe ich ja schon vorher gesagt: Die Menschen müssen betteln zum Überleben, betteln für ihr Brot und Wasser. Die Hungersnot müsste man kleiner machen. Ich hab mal eine Serie geguckt, wo eine Frau zwei Häuser gemietet hat für Kinder, die nicht genug zu essen und trinken hatten und hat sich um die gekümmert. Das ist richtig schön!

Glaubst du an Gott?
Ja. **Wie stellst du ihn dir vor?** Von Herrn Jesus hab ich ein Bild, aber von Gott nicht.

Was war das Tollste, was dir je passiert ist?
Weißt du, wo ich richtig glücklich war? Als ich meine Schwester gekriegt hab. Die ist so süß und kann so toll lachen! Als sie geboren wurde, durfte ich sie gleich in den Arm nehmen. Das war so schön für mich! Ich kann die Gefühle einfach nicht beschreiben. Ich finde das so toll, so schön, dass ich noch ein kleines Schwesterchen hab, um die ich mich kümmern kann. Zum Beispiel sie aus dem Bett rausholen und mit ihr spielen. Das ist so schön.

Wenn du Chef von Deutschland wärst, was würdest du machen, worum würdest du dich kümmern?
Das ist wieder so eine ganz, ganz schwierige Frage! Kann ich mir nicht vorstellen! Kann ich mir einfach nicht vorstellen.

RILIND, 8 JAHRE

Erzähl mal, was du so machst, wenn du mit den Hausaufgaben fertig bist.
Ich geh raus, und wenn niemand draußen ist, geh ich einfach spazieren. Manchmal guck ich auch fern oder geh an' Computer. Ich war auch mal im Fußball, aber da bin ich wieder weg. Der Trainer war nicht gut. Ich treff mich auch mit meinen Freunden. Da spielen wir Räuber und Gendarm. Ich bin immer der Räuber und brauch ein gutes Versteck.

Wieso sind Freunde wichtig im Leben?
Dass man Zeit verbringen kann, die spielen mit einem. Sie meckern nicht, wenn sie verloren haben, und geben nicht an, wenn sie gewonnen haben.

Wovor fürchtest du dich?
Ich? Vor gar nichts.

Was kannst du richtig gut?
Sport kann ich richtig gut, Leichtathletik. **Was würdest du gerne besser können oder an dir anders haben wollen?** Fußball spielen. Ich bin schon gut, aber ich spiel nur, wenn die Sonne scheint.

Welchen Beruf kannst du dir für dich vorstellen?
Arzt. Find ich eigentlich auch gut. Da kann man anderen helfen.

Gibt es was, was die Deutschen richtig gut können?
Die können gut Fußball und hätten fast in der WM gewonnen. Meine meisten Freunde sind Deutsche. Ich bin halb Deutscher, halb Albaner. Manche Wörter kann ich auf Deutsch nicht und manche nicht auf Albanisch. **Gibt es Dinge, die andere Länder besonders gut machen?** Nein.

Was gefällt dir am Kindsein?
Dass man nicht arbeiten muss und mit dem Auto überall hin muss, zu der Arbeit und so. **Was stört dich am Kindsein?** Dass die größeren Kinder die kleineren Kinder ärgern. Das stört mich.

Stell dir mal vor, du bist erwachsen. Beschreib, wie du bist.
Ich würde die Kleineren nicht ärgern. Und dann würd ich arbeiten, wie jeder Erwachsene es tut. Wenn ich frei hätte, würd ich erstmal lange ausschlafen. Man muss ja viel länger arbeiten, nicht bloß vier Stunden, wie in der Schule. Einmal musste meine Schwester zwölf Stunden arbeiten. Jetzt sind schon drei Monate vergangen und ihr Geld ist noch nicht gekommen. Das ist voll unfair!

Was ist dein allergrößter Wunsch?
Dass mein Opa noch am Leben wär. Ich war dabei, hab meinem Vater gesagt, er soll einen Krankenwagen holen, aber es war schon zu spät. Er war schon tot. Hat sich gar nicht mehr bewegt.

Wo siehst du die größten Probleme in der Welt?
Dass Leute sterben müssen. Dann kann man sie nicht mehr sehen und reden und so. Dann muss man sie vermissen.

Glaubst du an Gott?
An Gott? Manchmal. Jeder weiß, dass Gott nur ein Mythos ist.

Was war das Tollste, was dir je passiert ist?
Dass ich 100 Euro auf der Straße gefunden hab. Das war direkt auf der Straße. Ich hab ein bisschen was gekauft und den Rest hab ich meiner Mutter gegeben. Besser sparen, als gleich was kaufen.

Wenn du Chef von Deutschland wärst, was würdest du machen, worum würdest du dich kümmern?
Dass es mehr Krankenhäuser gäbe, da wo Häuser sind. Ich würde die Schulzeit verlängern und die Pausen auch. Und ich würd den Kindern immer was zum Arbeiten geben, sonst lernen die nichts. Aber ich find's nicht gut, dass immer wieder Leute sterben. Das find' ich am schlimmsten. Ich hasse es. Ich sehe auch immer wieder Krankenwagen vorbeifahren, fast überall. Meine Mutter hatte auch Krebs, im Bauch, aber sie ist sofort zum Doktor gegangen. Sie hat nicht gezögert. In zwei Tagen haben sie sie zweimal operiert. Dann haben sie sie erstmal in Ruhe gelassen, weil bei solchen Schmerzen muss man eine Frau in Ruhe lassen. Am dritten Tag haben sie sie nochmal operiert.

CELINE, 9 JAHRE

Erzähl mal, was du so machst, wenn du mit den Hausaufgaben fertig bist.
Dann gehe ich zum Reiten oder gehe zu meinem Opa zu meinem Fohlen. Mein Opa hat ein Gestüt und der züchtet auch Pferde. Die Alice, mit der gehe ich zum Reiten. Sonst mache ich noch Tennis.

Wieso sind Freunde wichtig im Leben?
Die helfen einem, wenn mal ein Problem ist, und die sind immer für jemanden da.

Wovor fürchtest du dich?
Also, vor Riesenspinnen! Ich bin schon mal fast von einer gebissen worden. Ich war im Zoo und da war sie auf meiner Hand, weil es da ein Versuch gab und man durfte eine Spinne auf der Hand haben. Ich war da noch kleiner und habe Spinnen noch nicht gut gesehen und die wollte mich beißen und dann hat der Tierpfleger die gleich von meiner Hand genommen.

Was kannst du richtig gut?
Reiten, Tennis spielen und Sport! **Was würdest du gerne besser können oder an dir anders haben wollen?** Ja, ich möchte noch ein bisschen besser malen. Weil ich hab schon mal bei einem Malwettbewerb gewonnen! Aber da gibt es immer drei Preise und ich war auf dem zweiten. Ich würde gerne auf den ersten hochkommen.

Welchen Beruf kannst du dir für dich vorstellen?
Künstlerin! Meine Mama hat schon bei einer Kunstschule angerufen. Ich liebe die Farben und die Bilder! Ich mag einfach Leinwände! Und ich finde, dass ich gut malen kann, und ich möchte mal so bekannt werden wie Franz Marc.

Gibt es was, was die Deutschen richtig gut können?
Ja, Bücher schreiben! **Gibt es Dinge, die andere Länder besonders gut machen?** Die in der Türkei machen gutes Essen. Da war ich schon oft.

Was gefällt dir am Kindsein?
Da kann man machen, was man will, und muss nicht dauernd in die Arbeit. In der Schule lernt man noch was, und wenn man Kind ist, kann man viel mehr Sachen machen. Man kann sich tolle Sachen kaufen. **Was stört dich am Kindsein?** Wenn ich mal in die Achterbahn will, dann kann ich nicht rein, weil das erst mit 13 oder 14 geht.

Stell dir mal vor, du bist erwachsen. Beschreib, wie du bist.
Groß. Ich bin ja jetzt schon so groß! Braune Haare. Ich habe ein Haus, daneben ein Pferdestall und Kinder. Dann habe ich noch Haustiere, ein Pferd, ein Hund und zwei Meerschweinchen.

Was ist dein allergrößter Wunsch?
Ein eigenes Pferd haben. Das Fohlen gehört mir und meiner Schwester.

Wo siehst du die größten Probleme in der Welt?
Kriege! Es sterben immer noch hundert oder tausend Menschen im Krieg. Frieden herstellen.

Glaubst du an Gott?
Ja. **Wie stellst du ihn dir vor?** Groß, mächtig, weiße Haare, weißer Bart und hat ein Gewand an.

Was war das Tollste, was dir je passiert ist?
Dass ich zweimal beim Wettbewerb gewonnen habe und ich habe bei Reitturnieren zweimal den vierten Platz gekriegt.

Wenn du Chef von Deutschland wärst, was würdest du machen, worum würdest du dich kümmern?
Dass es keine Kriege mehr gibt. Dass man nicht mehr so oft streikt, die Züge. Wir wollten mal mit der Klasse einen Ausflug machen und wegen dem Streik konnten wir da nicht hinfahren. Ich würde ein Verbot gegen Bomben erlassen und gegen Tiere töten; na so 'n paar, also die älteren, schon, aber die jüngeren nicht. Und dass kein Brand mehr vorkommt.

MALTE, 8 JAHRE

Erzähl mal, was du so machst, wenn du mit den Hausaufgaben fertig bist.
Dann guck ich meistens meine Lieblingssendung. Danach geh ich raus und spiel mit meinen Freunden Fußball. Manchmal bleib ich auch noch ein bisschen drin und hör meine Lieblings-CD, mal oder lese was. Montags hab ich Trompete und Fußballtraining.

Wieso sind Freunde wichtig im Leben?
Freunde sind sehr wichtig für mich. Ohne die würde es mir überhaupt keinen Spaß machen, was zu spielen oder so.

Wovor fürchtest du dich?
Schwere Frage! Kommt drauf an, was ich grad mache. Wenn ich jetzt in so 'ner Felsschlucht bin, dann würd ich mich schon fürchten. Einmal war ich hinten am Naturschutzgebiet und dann hat einer gesagt, dass da zwei Männer sind in den Büschen und dass die so dumme Sachen machen. Dann hab ich ein bisschen Angst gekriegt.

Was kannst du richtig gut?
Ballspiele bin ich gut. **Was würdest du gerne besser können oder an dir anders haben wollen?** Manchmal find ich mein Benehmen nicht so gut und finde, dass ich da manchmal was falsch mache. Ich will das besser machen.

Welchen Beruf kannst du dir für dich vorstellen?
Ich würde gerne Kameramann werden, am besten Fußballspiele im Stadion filmen, weil ich Fußballfan bin.

Gibt es was, was die Deutschen richtig gut können?
Fußball spielen sie gut und sie haben gute Erfindungen gemacht. **Gibt es Dinge, die andere Länder besonders gut machen?** Also, da gibt es natürlich viele Eigenschaften für jedes Land. In England Fisch und Chips zum Beispiel. In Frankreich, die haben so viel Käse und so. Ja.

Was gefällt dir am Kindsein?
Ich bin noch so beweglich. Ich kann in Sport noch so gute Sachen, am Reck bestimmte Aufgaben und so. Das können Erwachsene nicht mehr so. **Was stört dich am Kindsein?**
Ich find's manchmal blöd, wenn ich abends nicht so lange aufbleiben darf. Die Erwachsenen haben Vorteile und Nachteile. Sie dürfen länger aufbleiben und mehr Sachen essen, aber sie sind nicht so beweglich.

Stell dir mal vor, du bist erwachsen. Beschreib, wie du bist.
Ich würd mich mit Freunden treffen und mit denen vielleicht in die Stadt fahren oder so.

Was ist dein allergrößter Wunsch?
Dass ich oft das machen kann, was ich will. Wenn wir 'n Ausflug machen, dann bestimmen das meiste die Eltern und das find ich 'n bisschen blöd. Ich möchte auch mal was entscheiden dürfen.

Wo siehst du die größten Probleme in der Welt?
Zurzeit ist es ja richtig schlimm in Afrika. Da ist so viel Krieg. Ich fänd's besser, wenn auf der ganzen Welt mal Frieden wär, wenn die ganzen Terroristen verhaftet wären und nicht mehr so viel Streit wäre.

Glaubst du an Gott?
Ja. **Wie stellst du ihn dir vor?** Ich stell ihn mir so vor, dass er ein ganz langes Gewand hat und im Himmel rumschwebt, aber man kann ihn nicht sehen, und dass er alle Menschen beschützt.

Was war das Tollste, was dir je passiert ist?
Es gibt so viele tolle Sachen … hmmh. Ich fand's gut, dass ich bei einem Turnier von meinem Verein mal so ein tolles Tor geschossen habe.

Wenn du Chef von Deutschland wärst, was würdest du machen, worum würdest du dich kümmern?
Die Reichen sollen von ihrem Geld auch was den Armen geben, dass es hier keine Streiterei gibt und Deutschland friedlich wäre. Dass nichts Böses passiert.

STEFAN, 8 JAHRE

Erzähl mal, was du so machst, wenn du mit den Hausaufgaben fertig bist.
Da fahr ich Fahrrad und les meiner Mutter was vor.

Wieso sind Freunde wichtig im Leben?
Dass man mit ihnen spielen kann, reden kann … Ja.

Wovor fürchtest du dich?
Wenn es stockdunkel ist. Dann denk ich, da kommen gruselige Gestalten.

Was kannst du richtig gut?
Fahrrad fahren, Federball spielen, und in der Schule bin ich gut in MeNuK. **Was würdest du gerne besser können oder an dir anders haben wollen?** Mathe und Deutsch.

Welchen Beruf kannst du dir für dich vorstellen?
Rancher. In Alaska oder in Kanada schauen die nach dem Bestand der Tiere und jagen manchmal Wilderer. Mir gefällt die Natur: die Bäume, die Flüsse, die Tiere …

Gibt es was, was die Deutschen richtig gut können?
Maschinen bauen, zum Beispiel Bohrmaschinen und so was. Dieses »Made in China«, das ist gar nichts, das ist nur giftig und so. Die Schweiz baut auch sehr gute Sachen. **Gibt es Dinge, die andere Länder besonders gut machen?** Nein, mir fällt nichts mehr ein.

Was gefällt dir am Kindsein?
Da kann man spielen und man muss nicht arbeiten gehen. **Stört dich was am Kindsein?** Dass man erst mit achtzehn Auto fahren darf. Das find ich doof.

Stell dir mal vor, du bist erwachsen. Wie bist du, was machst du?
Ich bin Rancher, steh früh auf, mach Frühsport und lauf dann durch den Wald und schaue, ob irgendwas Verdächtiges los ist. Mittagessen muss man auch kochen und Fisch fangen und so. Ich wohn in einer Blockhütte, die baut man sich in der Regel selber. Am Abend spiel ich vielleicht mit den anderen Karten.

Was ist dein allergrößter Wunsch?
Dass ich dorthin ziehe.

Wo siehst du die größten Probleme in der Welt?
Was ich doof finde: Wenn zum Beispiel eine Atombombe runterkommt. Dann sterben ganz viele Menschen und das verpestet die Umwelt. **Was kann man dagegen tun?** Man muss alles mit Kameras bewachen und die Polizei und die Bundeswehr, die müssen das vorher bekämpfen und Informationen sammeln.

Glaubst du an Gott?
Ja. **Wie stellst du ihn dir vor?** 'Ne Wolke mit Gesicht und Augen, 'ne ganz liebe natürlich.

Was war das Tollste, was dir je passiert ist?
Wo ich mit Mama ganz lang Federball gespielt hab und nie hat einer aufgehört. Der Ball ist nie runtergefallen und das ganz ganz ganz lange.

Wenn du Chef von Deutschland wärst, was würdest du machen, worum würdest du dich kümmern?
Dass nicht so viele Autos fahren würden und dass hier mehr Wald wäre und Wiesen.

L.O.G.G.
LABEL OF GRADED GOODS

STELA, 9 JAHRE

Erzähl mal, was du so machst, wenn du mit den Hausaufgaben fertig bist. Manchmal rufe ich meine Freundin an und frage, ob wir rausgehen. Oder wir spielen drinnen so Brettspiele oder schauen fern.

Wieso sind Freunde wichtig im Leben? Dass man nicht alleine ist, Spaß hat, und wenn man mal Hilfe braucht.

Wovor fürchtest du dich? Manchmal habe ich Angst, wenn wir einen Mathetest schreiben, dass ich eine schlechte Note hab.

Was kannst du richtig gut? Ich kann ganz gut rechnen und schreiben, auch singen. Ich war im Chor, da hab ich Singen gelernt. **Was würdest du gerne besser können oder an dir anders haben wollen?** Im Sport wäre ich gerne besser.

Welchen Beruf kannst du dir für dich vorstellen? Das weiß ich noch nicht.

Gibt es was, was die Deutschen richtig gut können? Wenn sich ein Kind verletzt, helfen sie gleich. **Gibt es Dinge, die andere Länder besonders gut machen?** In Kroatien sind sie ganz freundlich zu Kindern.

Was gefällt dir am Kindsein? Kinder sind jung, da kann man fast alles machen, was man will. Man kann noch schnell rennen, man kann noch spielen. Viele Ältere vergessen ja, was sie in der Schule gelernt haben und wir wissen's noch. **Stört dich was am Kindsein?** Es gibt Eltern, die schreien ihre Kinder an, wenn sie 'ne schlechte Note bekommen. Meine machen das nicht.

Stell dir mal vor, du bist erwachsen. Wie bist du, was machst du? Ich würde mit jemand was unternehmen oder hätte ein Haustier gekauft. Ich würde manchmal rausgehen. Es ist ja nicht verboten, dass man als Erwachsener spielt.

Was ist dein allergrößter Wunsch? Dass meine Familie gesund bleibt und dass ich gute Noten hab, weil wenn ich gut in der Schule bin, kriege ich einen guten Beruf. Und wenn jemand krank ist und man ruft den an, dann hustet der, und das gefällt mir nicht.

Wo siehst du die größten Probleme in der Welt? Wenn sich jemand streitet, wenn jemand weint und der andere lacht ihn aus. **Was kann man dagegen tun?** Niemanden ärgern, sich nicht streiten. Man sollte einfach versuchen, sich schön zu benehmen.

Glaubst du an Gott? Ja. **Wie stellst du ihn dir vor?** Ich hab ihn ja noch nie in meinem Leben gesehen. Aber freundlich ist er schon. In der Kirche zeigen sie immer einen anderen Kopf, deshalb bin ich nicht so sicher.

Was war das Tollste, was dir je passiert ist? Als wir mit meinen Eltern ans Meer gegangen sind.

Wenn du Chef von Deutschland wärst, was würdest du machen, worum würdest du dich kümmern? Dass hier nicht so viel Dreck liegt, dass niemand die Wände beschmiert mit den Sprühdosen, und ich würde noch ein paar Parks machen.

REGISTER